Lailan Young
Die Kunst, in Gesichtern zu lesen

Lailan Young

DIE KUNST, IN GESICHTERN ZU LESEN

CHINESISCHE PHYSIOGNOMIK

Verlag Ullstein GmbH Frankfurt/M. · Berlin
Durchgesehene und verbesserte Neuauflage. Die erste Auflage erschien unter dem Titel »Was Gesichter verraten«.

Erschienen bei Hodder and Stoughton, London, Auckland, Toronto.
Illustrationen von Jane Tyrell.

Übersetzung aus dem Englischen von Christian Seeger

Satz: Dörlemann-Satz, Lemförde
Druck und Binden: Mohndruck, Gütersloh
Printed in Germany 1993
ISBN 3-550-06810-7

Gedruckt auf Papier mit chlorfrei gebleichtem Zellstoff

Die Deutsche Bibliothek – CIP-Einheitsaufnahme

Young, Lailan:
Die Kunst, in Gesichtern zu lesen: chinesische Physiognomik / Lailan Young. [Übers. aus dem Engl. von Christian Seeger. Ill. von Jane Tyrell]. – Ungekürzte Ausg., durchges. und verb. Neuaufl. – Berlin; Frankfurt/M.; Wien: Ullstein, 1993
Einheitssacht.: Secrets of the face ‹dt.›
ISBN 3-550-06810-7

Meinen Eltern gewidmet,

die mir mein chinesisches Gesicht gaben,

und Robin, der
behauptet, daß
er es liebt

Lailan Young

Inhalt

KAPITEL I

WAS IST SIANG MIEN?

Gesichter sagen alles.

Jeder spricht von Menschen, die ein »offenes, ehrliches Gesicht«, einen »sorgenvollen Ausdruck« oder eine »heitere Miene« haben. Wir reden von freundlichen und bösen Gesichtern, von einem weichen Kinn, von vollen Lippen und verkniffenen Mündern, von einer intelligenten Stirn und von Augen, die listig, trotzig oder schelmisch dreinschauen, ohne daß wir jemals darüber nachdenken, wie wir die Erscheinungen beschreiben würden, die diesen Gesichtszügen ihre jeweils besondere Charakteristik verleihen.

Sicherlich wird man von jemandem, den man gut kennt, durch einen Blick in sein Gesicht sagen können, ob er wütend, glücklich, traurig, verletzt oder müde ist. Doch damit endet bei den meisten Menschen auch schon ihr Wissen über Gesichter.

Nur die Chinesen haben aus der Kunst des Gesichterlesens eine vollendete Wissenschaft gemacht. Sie nennen sie Siang Mien. Wörterbücher definieren Siang Mien als »Gesichterlesen«, »Physiognomik« oder »Lesen des Schicksals aus dem Gesichtsausdruck«. Tatsache ist, daß man mit Hilfe von Siang Mien das Wesen jeder beliebigen Person bestimmen und ihr sagen kann, ob ihr ein gutes oder schlechtes Schicksal winkt.

Eine Reihe von bedeutenden Gelehrten haben über Siang Mien geschrieben, darunter Professor Joseph Needham von der Cambridge University, der in seiner Enzyklopädie *Science and Civilisation in China* auf dessen lange Geschichte verweist. Er stellt fest, daß »ein sehr interessantes Ergebnis der Physiognomik und ihres Ablegers, der Chiromantie (Handlesekunst), die schon frühzeitig von den Chinesen gemachte Entdeckung der Möglichkeit der Identifikation mittels Fingerabdruck gewesen ist«.

Die Chinesen haben seit über 7000 Jahren vielfältige Formen der Wahrsagerei praktiziert. Kaiser und Regierungsbeamte holten sich bei Kundigen Rat über Reisen und Militärexpeditionen, Vermählungen, Staatsangelegenheiten und überhaupt über alles, was Mensch und Natur, Himmel und Erde angehen mochte.

Siang Mien spielt in China seit mehr als 2000 Jahren eine bedeutende Rolle. Es ist stets als Geheimnis behandelt worden, das von Lehrmeistern an einige wenige Schüler weitergegeben wurde. Auch Bücher wurden über Siang Mien verfaßt, die größtenteils zur exklusiven Nutzung durch die Kaiser in Palastbibliotheken Aufbewahrung fanden. Doch in Chinas turbulenter Geschichte voller Kriege und Erhebungen wurden die Paläste geplündert und die Bücher verbrannt.

Der Großteil dessen, was heute über Siang Mien bekannt ist, wurde mündlich überliefert. Es wurde durch Siang-Mien-Lehrer und Siang-Mien-Schüler ergänzt, die die Welt bereisten, um die Gesichter von Menschen verschiedenster Länder zu erkunden.

Andere in China geübte Formen des Wahrsagens haben an Bedeutung verloren oder sind zu bloßen Gesellschaftsspielen verkümmert. Siang Mien hat überlebt, weil das Gesicht als Spiegel der Seele in der Tat besser als irgend etwas sonst die innersten Gedanken, Absichten und Gefühle eines Menschen verrät.

In zahlreichen Ländern praktizieren chinesische Familien Siang Mien, ohne es je beim Namen zu nennen. Meine eigenen Eltern warnten mich davor, jemanden mit kleinen Ohrläppchen oder einer platten Nase zu heiraten.

Jeder, der einmal mit Chinesen zusammen war, wird die chinesische Gewohnheit des Anstarrens bemerkt haben. Wenn dich ein Chinese anstarrt, so ist es dein Wesen, das er zu ergründen sucht.

Die enge Beziehung, die die Chinesen zwischen Wesen und Gesicht erkennen, kommt in ihrer alten Spruchweisheit zum Ausdruck:

Du magst einen Menschen auf den Kopf schlagen, doch schlage ihn nie ins Gesicht.

Selbst wenn Du ihn schmähst, verletze nicht sein Wesen.

»Gute« Gesichter sind nicht unbedingt jene, die man schön oder hübsch findet. Jemand kann häßlich wie die Sünde sein und dennoch ein Gesicht haben, das mit einem guten Schicksal gesegnet ist. Eine hohe Stirn, eine gerade Nase mit rundlichen, fleischigen Nasenlöchern, dicke Ohren mit großen Ohrläppchen, ein rundes Kinn und ein Muttermal nahe dem oberen Ohrrand gehören zu den glückverheißendsten und wünschenswertesten Gesichtszügen.

Siang Mien beginnt mit der Bestimmung der Gesichtsform. Aus ihr lassen sich bereits die wesentlichen Charaktermerkmale ablesen. Sodann wird das Gesicht Abschnitt für Abschnitt untersucht: Stirn, Augenbrauen, Augen, Nase, Mund und Zähne, Ohren, Backen und Kinn.

Siang Mien untersucht auch wichtige Muttermale und ihre Bedeutung sowie besondere Regionen des Gesichts, die etwas über Gesundheit, Wohlstand, Karriere, Freundschaften, familiäre Beziehungen und Liebe aussagen.

Wie alles im Leben enthalten auch Gesichter Widersprüche. Der Widerspruch ist ein wesentlicher Bestandteil der menschlichen Persönlichkeit. Siang Mien zeigt, wo die inneren Widersprüche liegen, und prüft die Stärke der verschiedenen Merkmale, um herauszufinden, welches unter jeweils gegebenen Umständen vermutlich vorherrschen wird.

Um die Siang-Mien-Methode mit größtem Gewinn anzuwenden, sollte man sich zuerst das ganze Gesicht der zu erforschenden Person anschauen, um alsdann – wie ein Karikaturist – irgendein hervorstechendes Merkmal, an dem man interessiert ist, auszuwählen und in diesem Buch über seine Bedeutung nachzulesen.

Nichts, nicht einmal die plastische Chirurgie, vermag Wesen und Schicksal, die in einem Gesicht geschrieben stehen, zu ändern. Doch was man durch das mit Hilfe von Siang Mien betriebene Studium seines Gesichts über die eigene Persönlichkeit erfährt, kann das künftige Verhalten lenken, der Karriere nützen und die Beziehungen zu anderen Menschen verbessern. Und durch das Studium der Gesichter dieser anderen wird man auch sie besser verstehen.

In der Tat, mit Hilfe von Siang Mien kann man jederzeit und überall Menschen kennenlernen, ohne auch nur ein Wort mit ihnen zu wechseln.

KAPITEL II

GESICHTSZÜGE AUF EINEN BLICK

Der folgende Wegweiser soll dabei behilflich sein, Charakter und Persönlichkeit eines Menschen im Handumdrehn aus seinen Gesichtszügen herauszulesen.

Man ziehe diesen »Führer auf einen Blick« zu Rate, um eine Gesichtsform oder Gesichtszüge, über die man etwas erfahren möchte, rasch zu identifizieren. Sodann schlage man die angegebene Buchseite auf und entnehme ihr, was das ausgewählte Merkmal über Persönlichkeit und Schicksal der betreffenden Person verrät.

Auf Seite 9 sind die Ursprünge dieser faszinierenden Kunst des Gesichterlesens dargelegt worden.

GESICHTSFORMEN

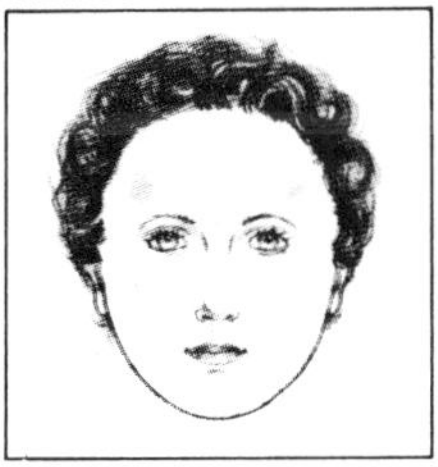

○ Mondgesicht 30

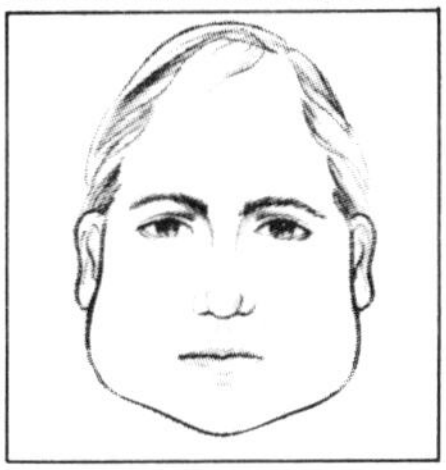

△ Berggesicht 37

Königsgesicht 44

▯ Baumgesicht 32

⏢ Erdgesicht 39

▭ Mauergesicht 46

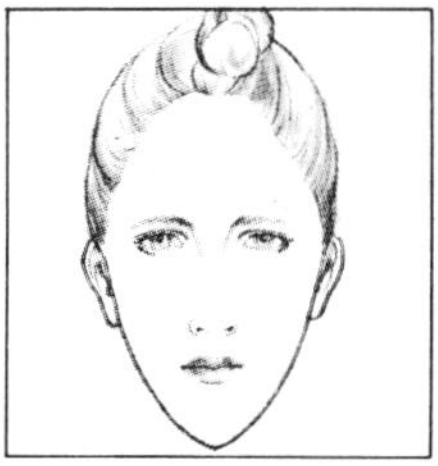

◊ Jadegesicht 34

▽ Feuergesicht 41

Unregelmäßiges Gesicht 47

□ Eisengesicht 36

⏢ Kübelgesicht 42

DIE STIRN

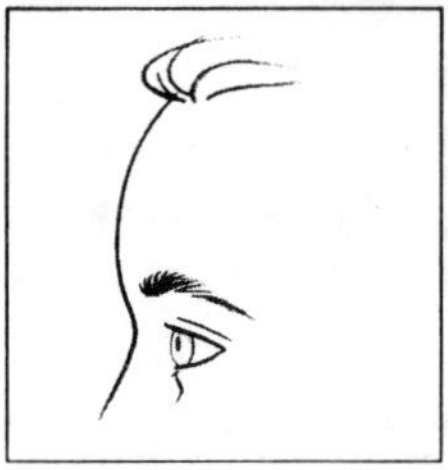

Glatt, gerundet 50, 51, 52, 63, 76, 87, 137, 161, 173

Niedrig 51, 53

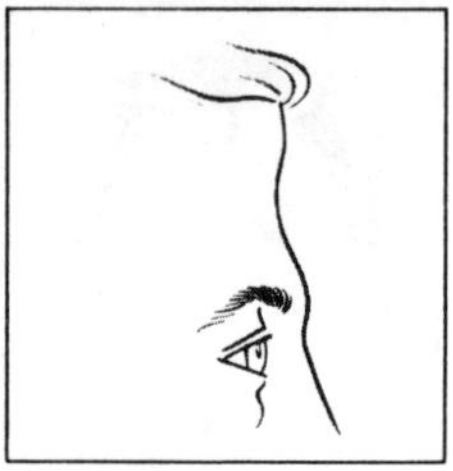

Eingewölbt 54, 66

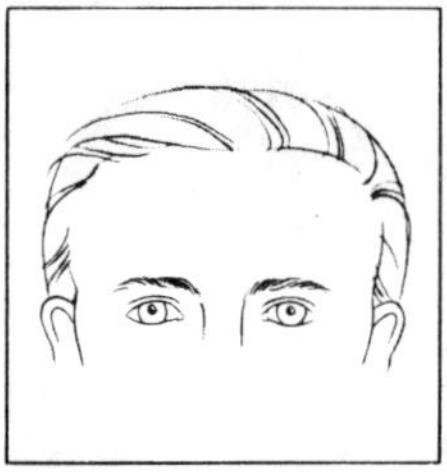

Breit 50, 52, 87, 137, 161, 173

UNEBEN
51, 61, 66

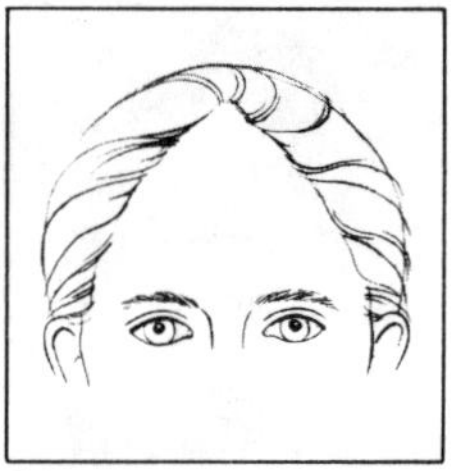

Spitz 51, 61

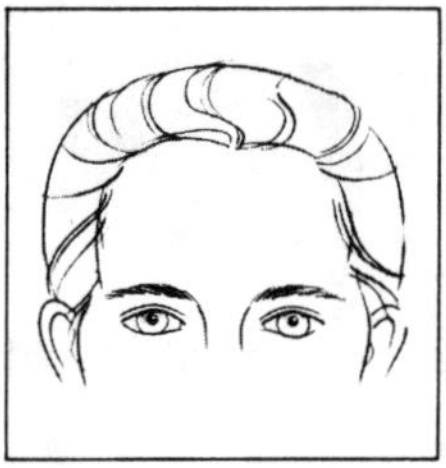

Schmal 51, 53, 61, 64, 72

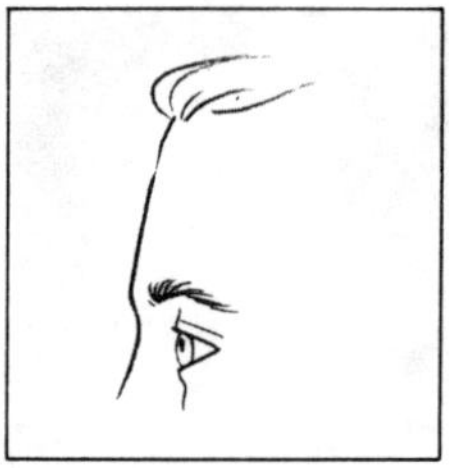

Flach, Platt 51, 53, 54, 61, 66

HOHER HAARANSATZ
51, 70
TIEFER HAARANSATZ
51, 72

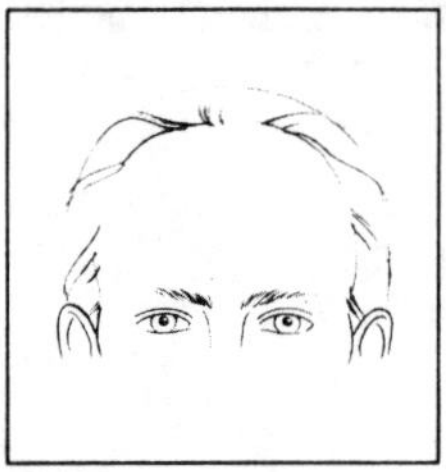

Hoch 51, 52, 87, 137, 161, 173

VORGEWÖLBT
52, 53

V-förmiger Haaransatz 71

DIE STIRN (FORTS.)

KAHLKÖPFIG
WEISSHAARIG
54

HÖHE DER STIRN IM VERHÄLTNIS ZUR MITTLEREN GESICHTSPARTIE
56

HÖHE DER STIRN IM VERHÄLTNIS ZUR KINNPARTIE
57

REGIONEN

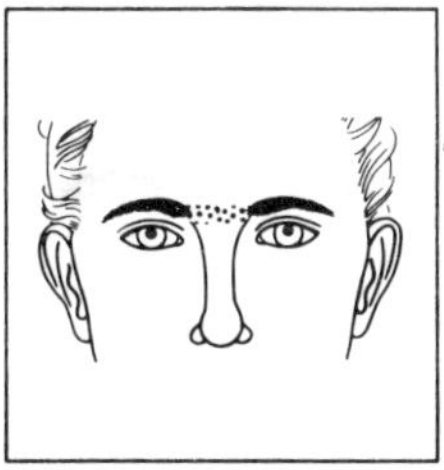

Lebensregion 58, 60–62

REGIONEN (FORTS.)

Die Sorgenfurche 62

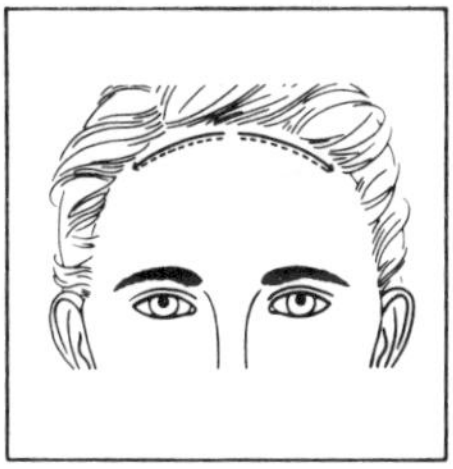

Freundschaftsregion 58, 59, 69–72

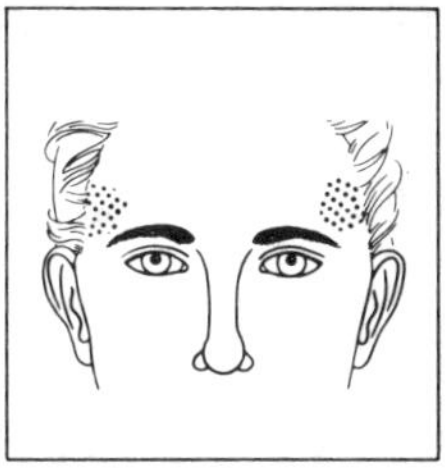

Antriebspunkte 58, 59, 63–66

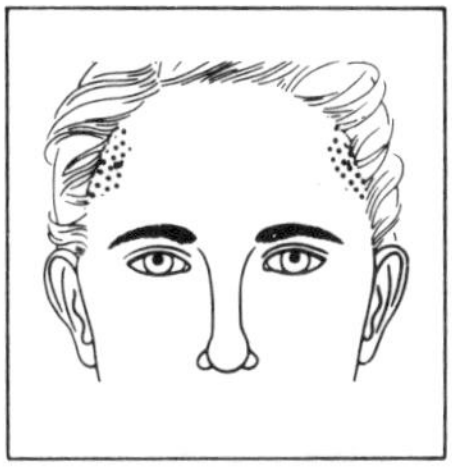

Elternregion 58, 59, 72–76

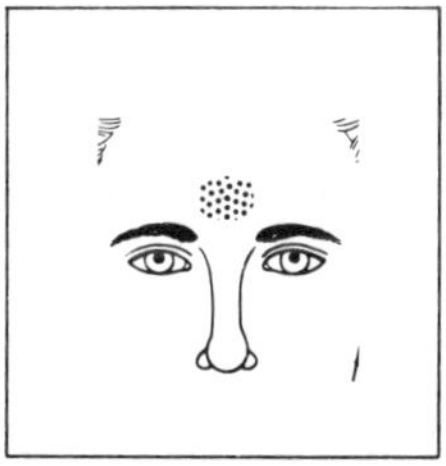

Karriereregion 58, 59, 66–67

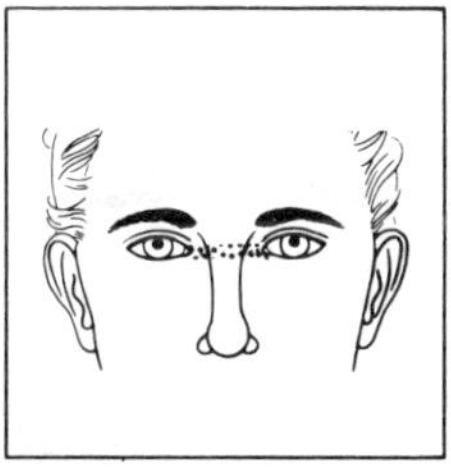

Gesundheits- und Kraftregion 58, 59, 76–80

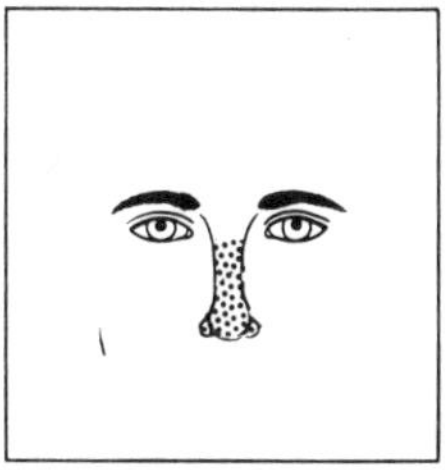

Wohlstandsregion 58, 59, 67–69

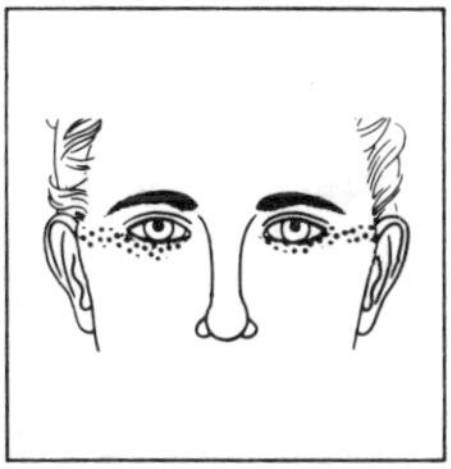

Liebesregion 58, 59, 80–81

AUGENBRAUEN

Ideale Augenbrauen 86–88

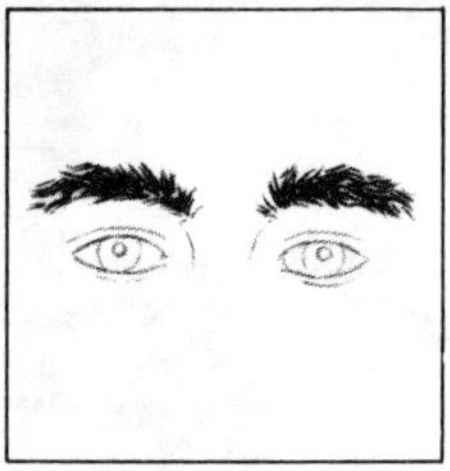
Chaotisch 91

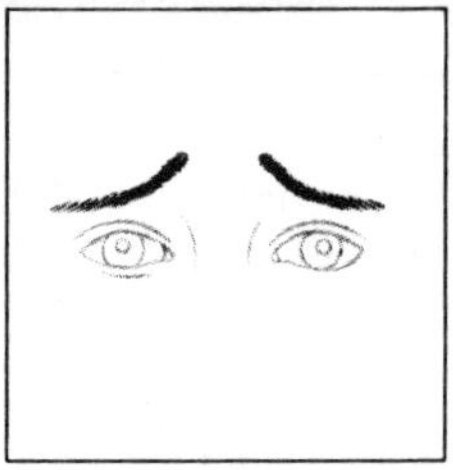
Achtzeichenförmig 94

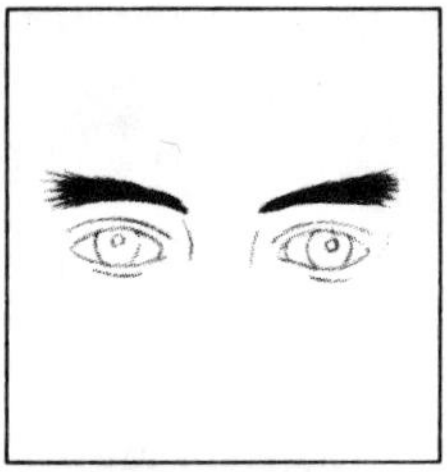
Aufwärts zeigende Besen 89–90

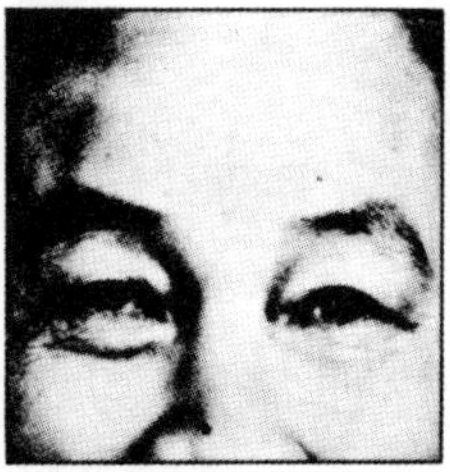
Dreieckig 91–92

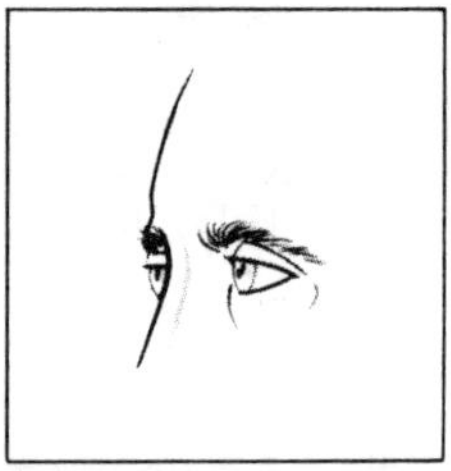
Brauen dicht über den Augen 95–96

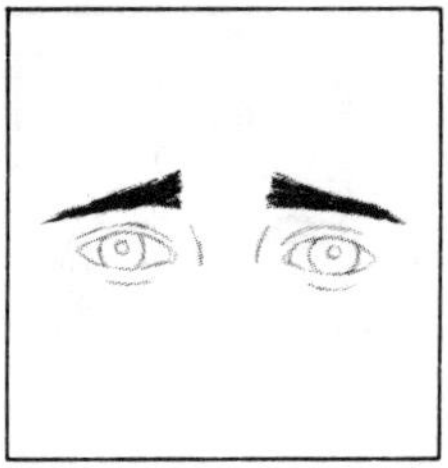
Abwärts zeigende Besen 89–90

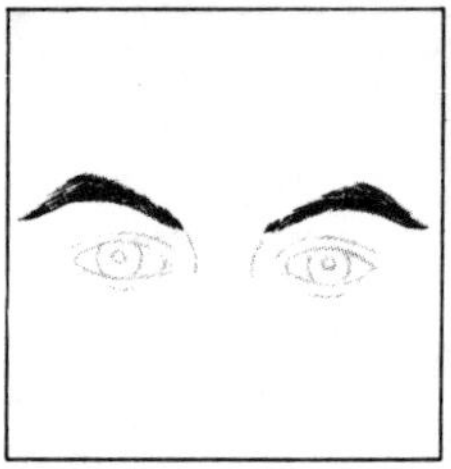
Messerförmig 92–93

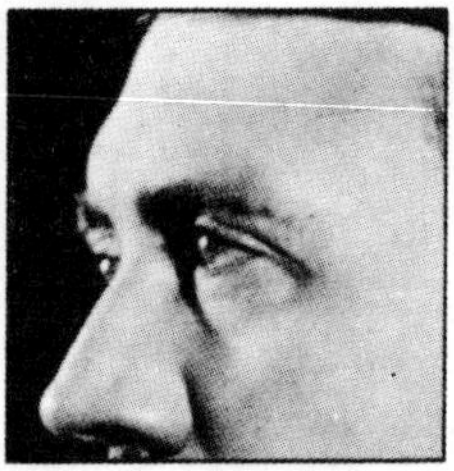
Brauen dicht über den Augen + vorstehende Knochen über den Brauen 95–96

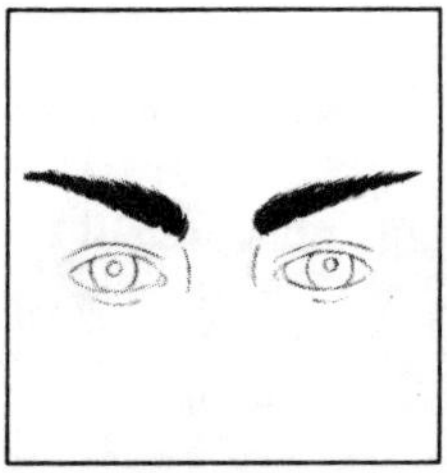
Helden-Augenbrauen 90

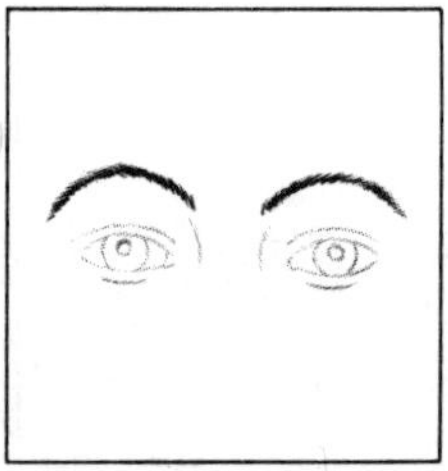
Neumondförmig 93–94

Eine Braue höher als die andere 96–97

AUGENBRAUEN (FORTS.)

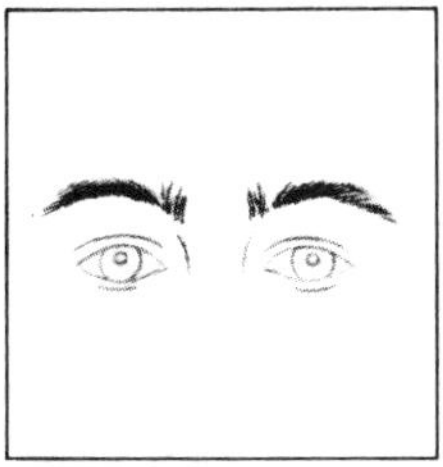

Haare am Brauenansatz senkrecht in die Höhe wachsend 97

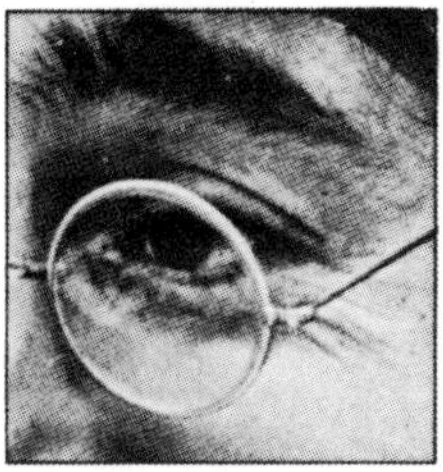

Sichtbare Brauenwurzeln 103–104

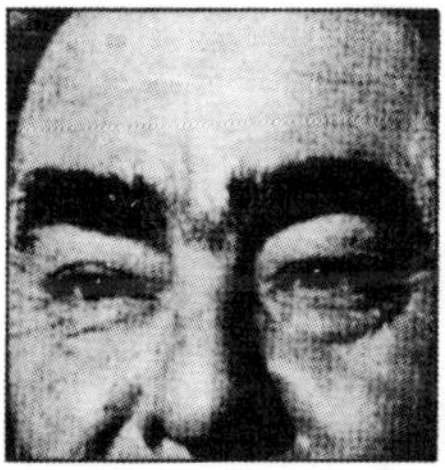

Zusammengewachsene Brauen 98–99

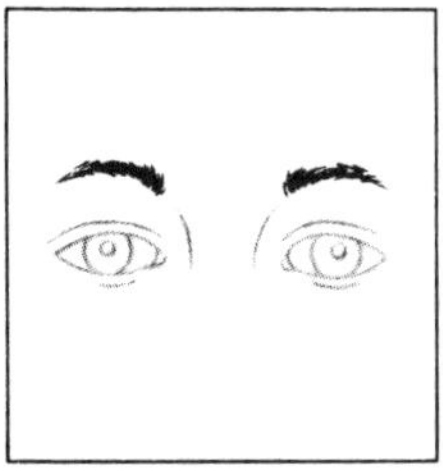

Sehr kurze Brauen 99

KAHLE STELLE IN DER BRAUE 97
KAHLE STELLE + WIRRE BRAUENENDEN 97
SEHR DICKE BRAUEN 99–100
DÜNNE BRAUEN 100
SEHR BLEICHE BRAUEN 100–101

Gekräuselte Brauen 102

GEKRÄUSELTE BRAUEN + VORSTEHENDER KNOCHEN ÜBER DER BRAUE 53

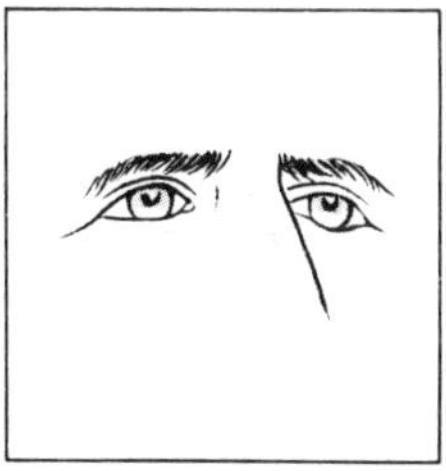

Brauenhaare nach unten wachsend 102–103

AUGEN

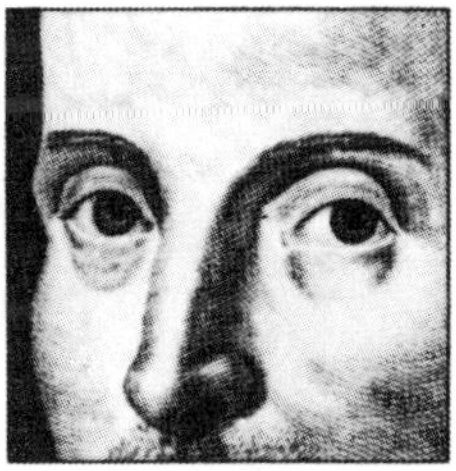

Herrischer Blick 106–107

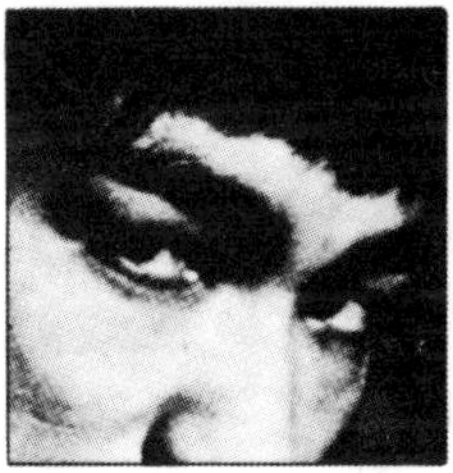

Verschlagener Blick 107

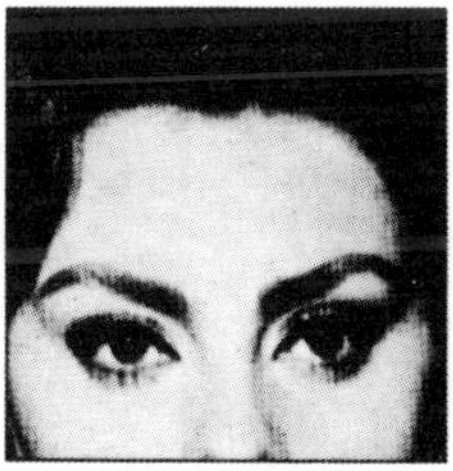

Der gute Blick 108

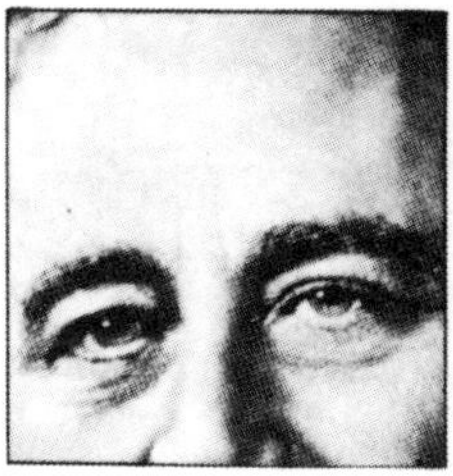

Der gute Blick 108

AUGEN (FORTS.)

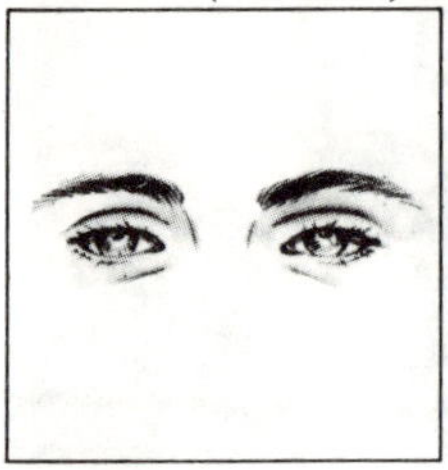

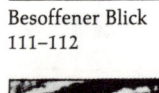

Schläfriger Blick
109–110

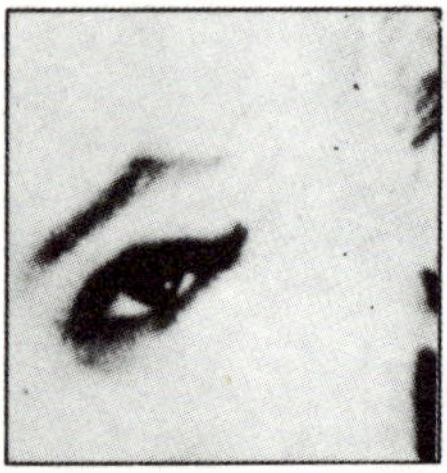

Sinnlicher Blick 110–111

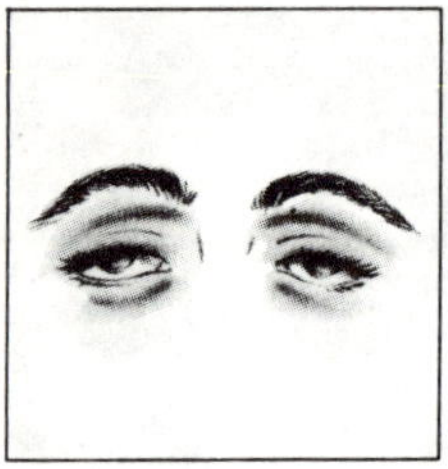

Besoffener Blick
111–112

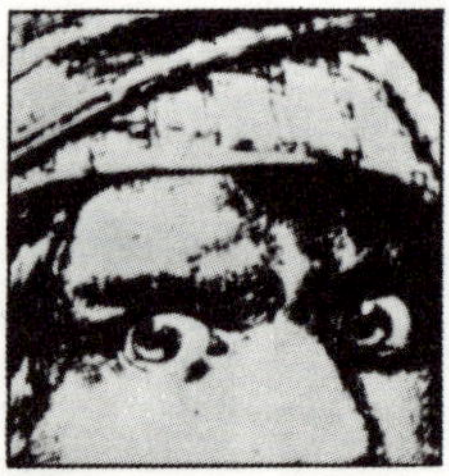

Wütende und irre Blicke
112–113

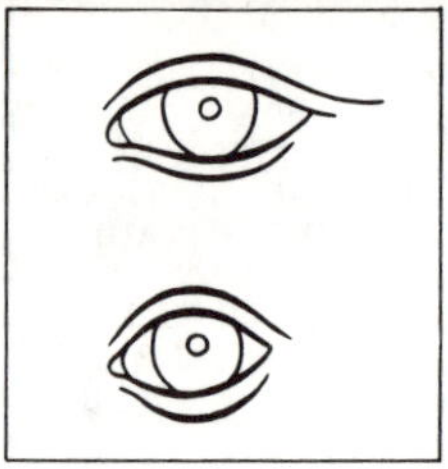

Rund 113–114

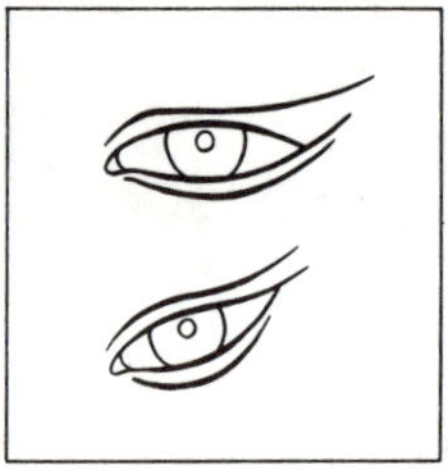

Rechteckig 118

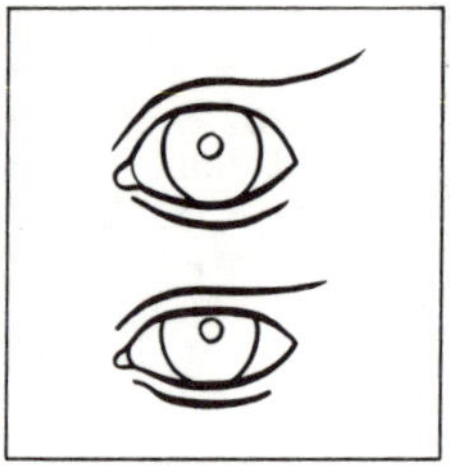

Eckig 115–116

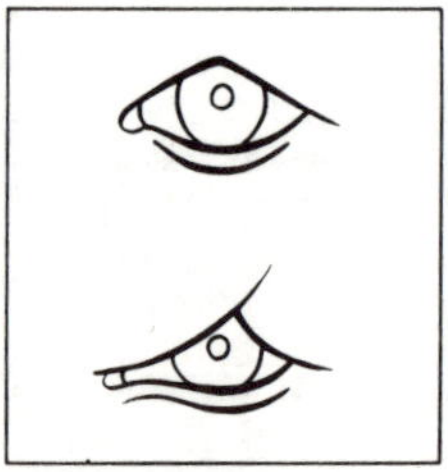

Dreieckig 116–117

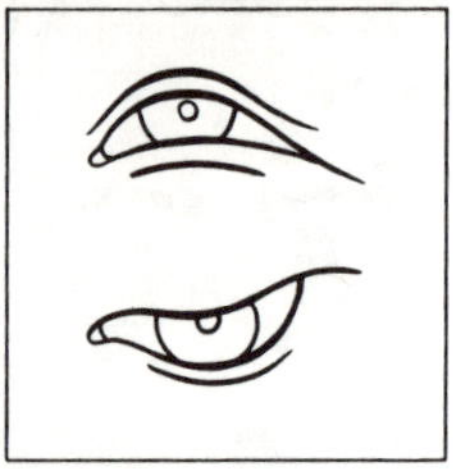

Neumondförmig 117

GROSSE AUGEN
KLEINE AUGEN
114

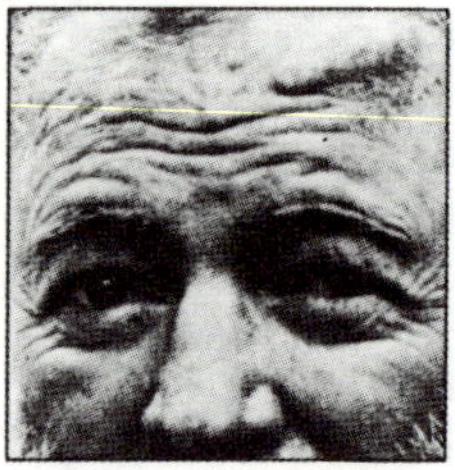

Augen unterschiedlicher
Größe 119–120

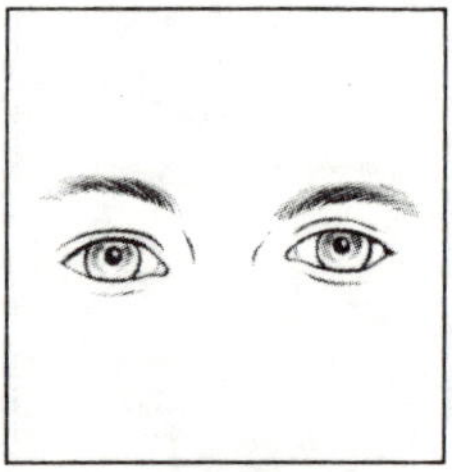

Ein Auge höher als das
andere 119

AUGEN (FORTS.)

Weit auseinanderliegend 120–122

Tiefsitzend 124

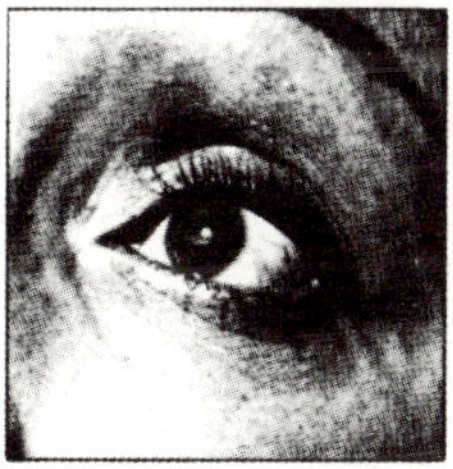

Spitze innere Augenwinkel 125–126

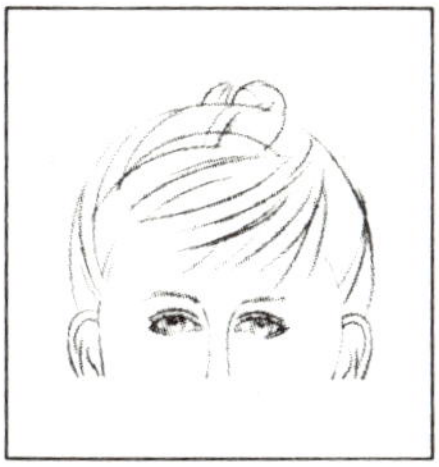

Eng zusammenliegend 120–122

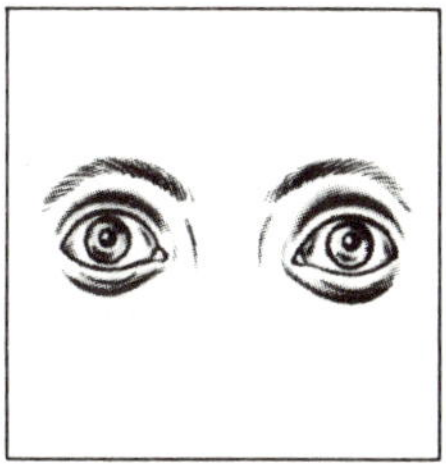

Hervortretend 124–125

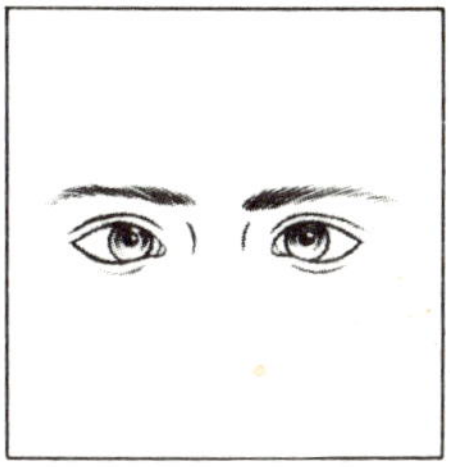

Schielend 125–126

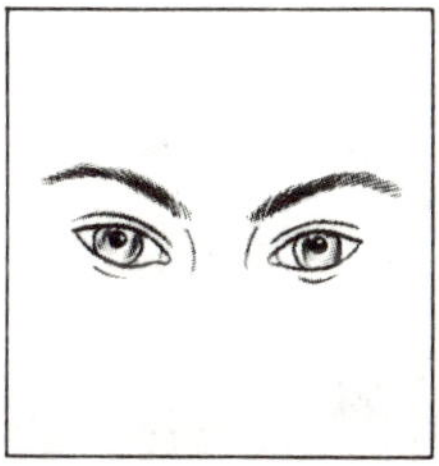

Schräg nach oben stehend 123

KURZSICHTIG & WEITSICHTIG 109

LANGE WIMPERN 126
SEHR KRÄFTIGE WIMPERN 127
SEHR FEINE WIMPERN 127

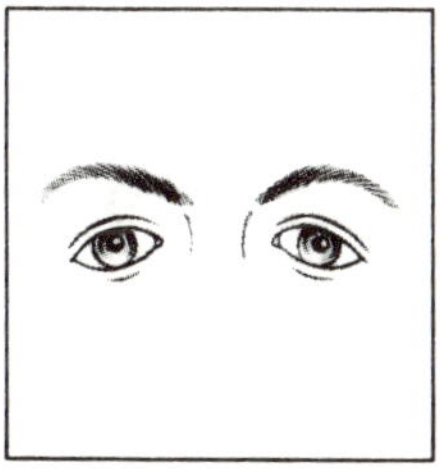

Schräg nach unten stehend 123

BLINZELND 108

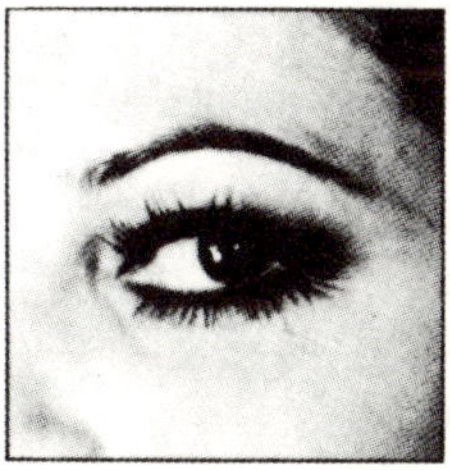

Nach oben gebogene Wimpern 127

AUGEN (FORTS.)

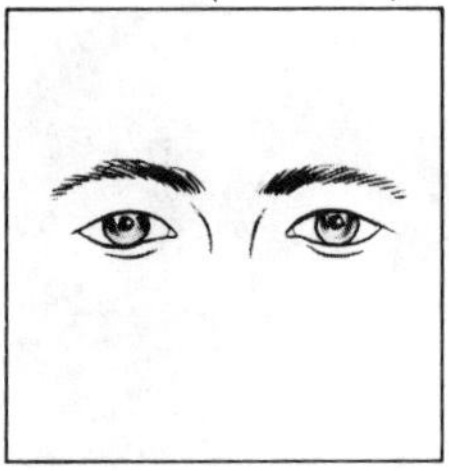
Einfache Augenlider 128

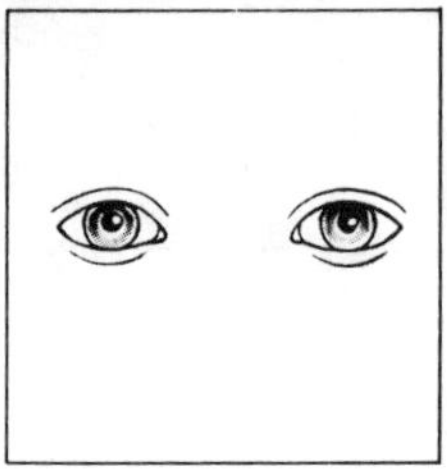
Zwei »Weiß«zonen 131

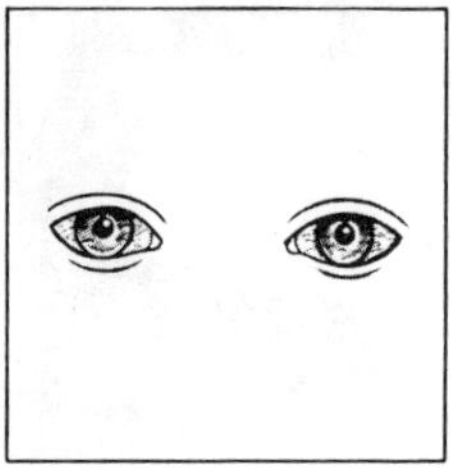
Rote Striche im Augenweiß 132

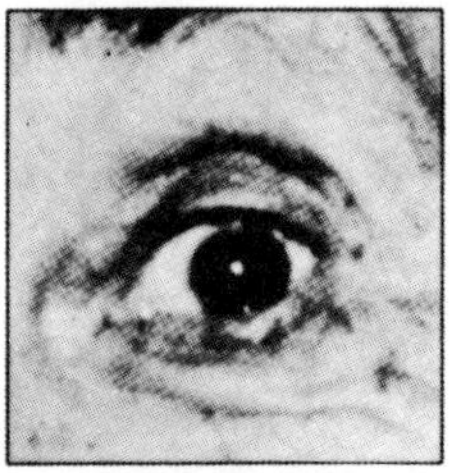
Doppelte Augenlider 128

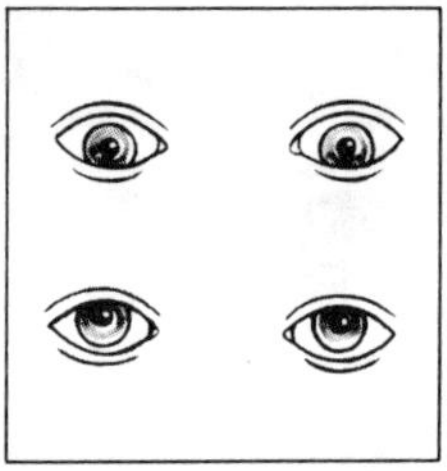
Drei »Weiß«zonen 131

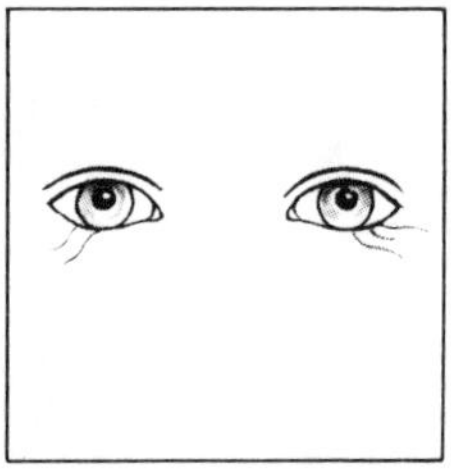
Fältchen unter den Augen 81

SCHWARZE, BRAUNE, SAPHIRBLAUE, SMARAGDGRÜNE, MALVENFARBENE GRAUE AUGEN 129–130
HELLBLAUE, GRÜNE, HASELNUSSBRAUNE, GRAUE, MALVENFARBENE AUGEN 130
BLASSFARBENE AUGEN + GELBLICHES »WEISS« 130

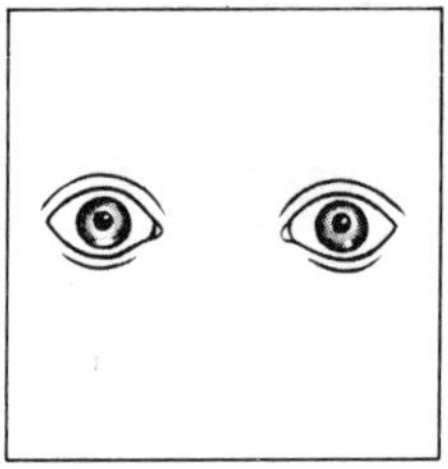
Vier »Weiß«zonen 131

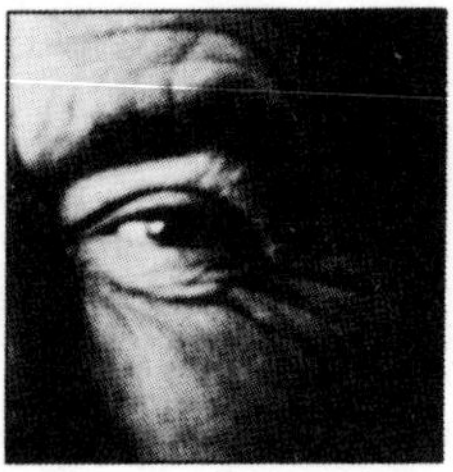
Krähenfüße 83, 84

GRAUES »WEISS« 130
BLÄULICHES »WEISS« 132
TRÜBES ODER GELBES »WEISS« 133

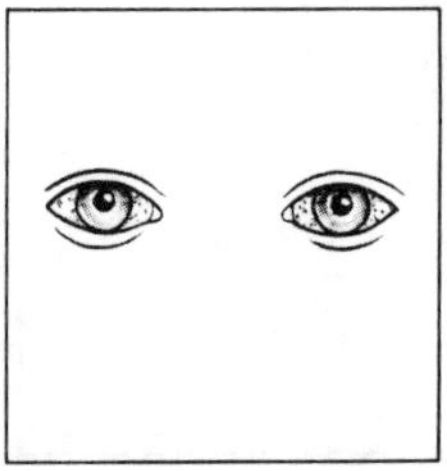
Flecken kleiner roter Pünktchen im Augenweiß 132

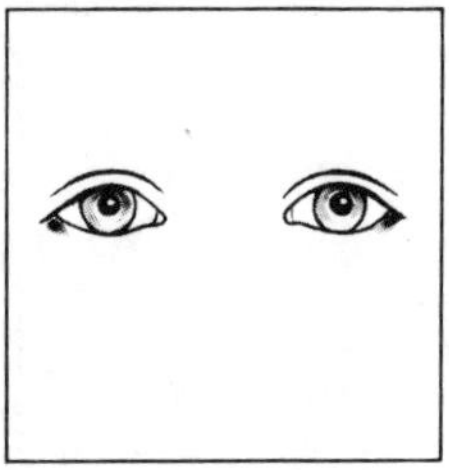
Vertiefungen an den äußeren Augenrändern 82

AUGEN (FORTS.)

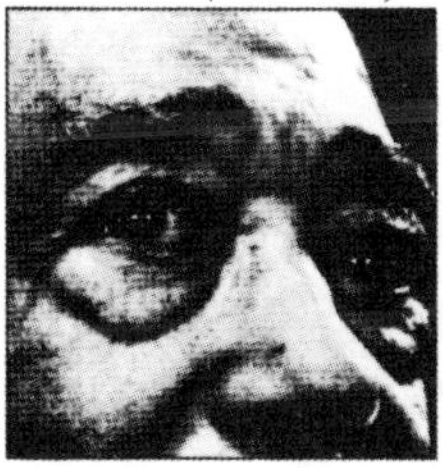

Säcke unter den Augen 82, 84

DIE HAUT UNTER DEN AUGEN: RÖTLICH ODER HELL 81; EINGEFALLEN ODER BLÄULICH (BEI FRAUEN) 84

NASE

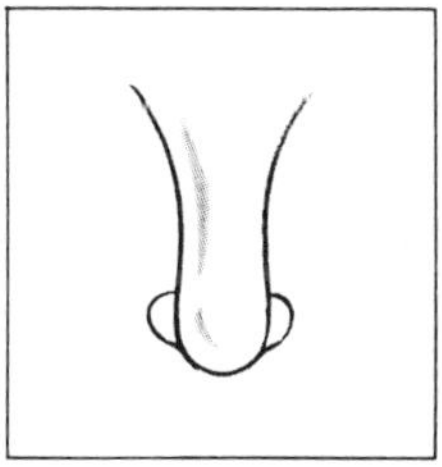

Eine gute Nase, um Geld zu machen 135–136

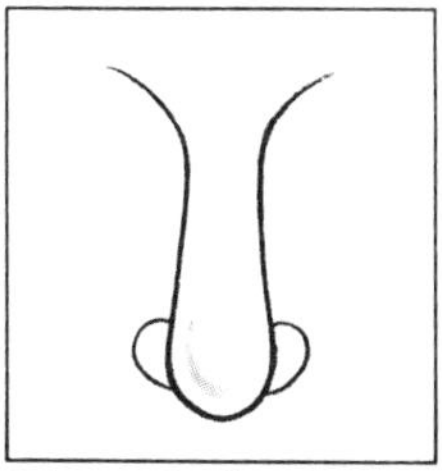

Sehr runde, fleischige Spitze 135

NASE (FORTS.)

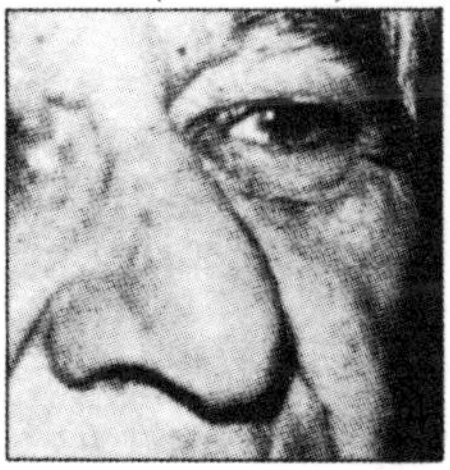

Gebogen 136

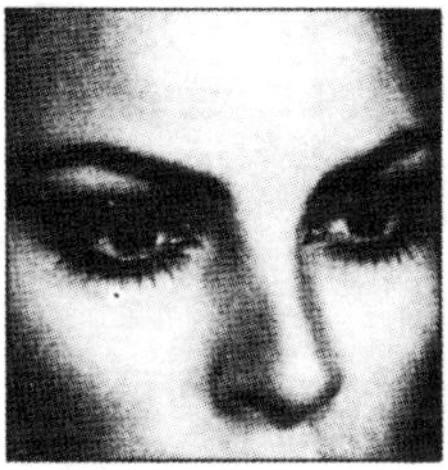

Gerade 137

GERADLINIG + DÜNNE NASENSPITZE, SICHTBARE NASENLÖCHER, GUTE STIRN 137

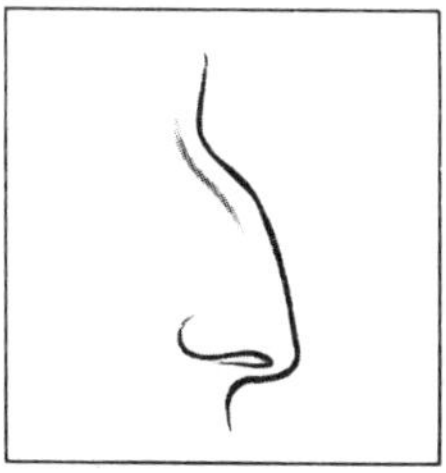

Römer- oder Hakennase 138

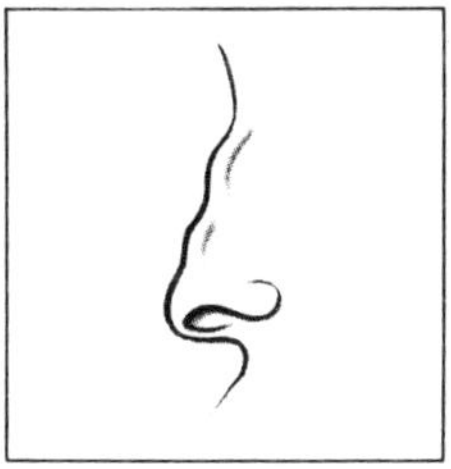

Ein- oder mehrhöckrig 138

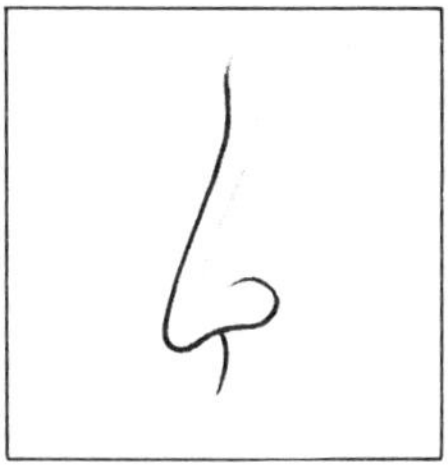

Abwärts zeigend 138–139

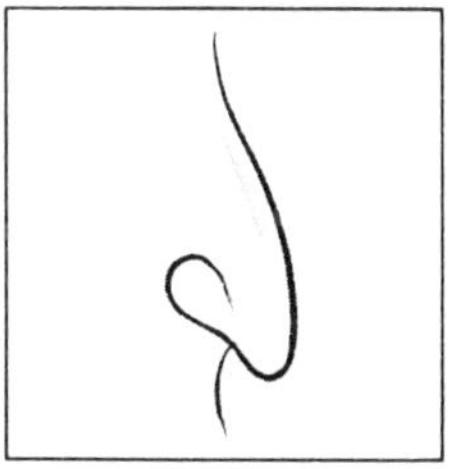

Adlernase 139–140

Lang 141
Lang + große Nasenlöcher 142

NASE (FORTS.)

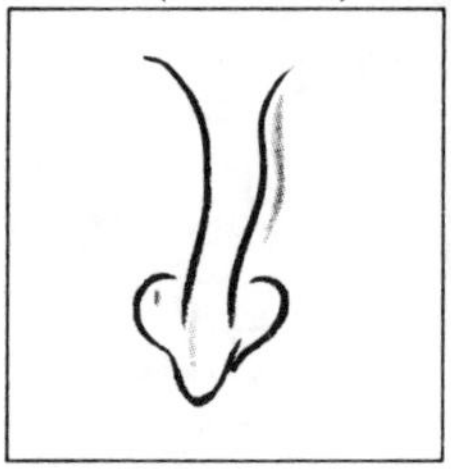

Krumm + spitzzulaufend 140–141

HOCH, LANG, SCHMAL + SCHMALE NASENWURZEL 142

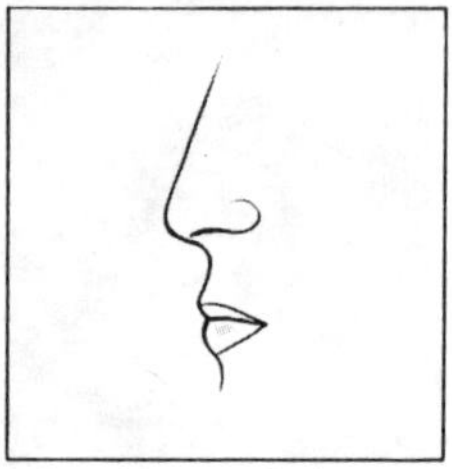

Schmale Nasenlöcher 145

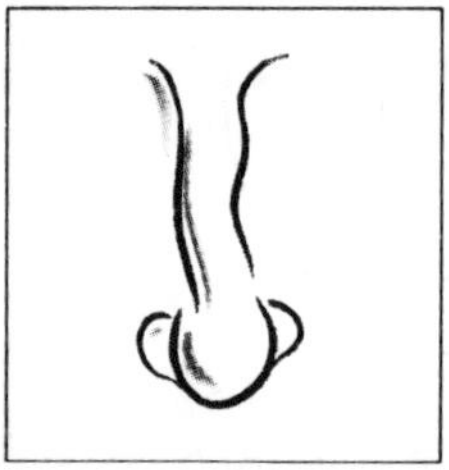

Krumm + runde Spitze 141

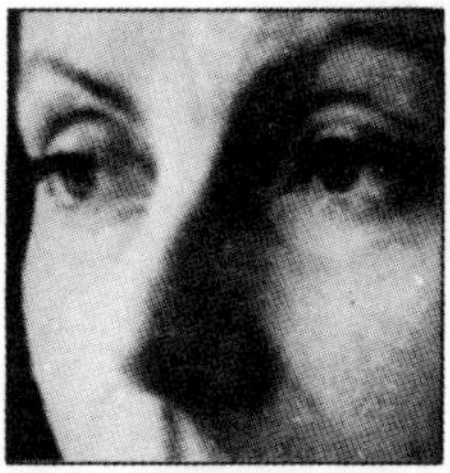

Hoch, schmal + vorstehendes Nasenbein 142–143

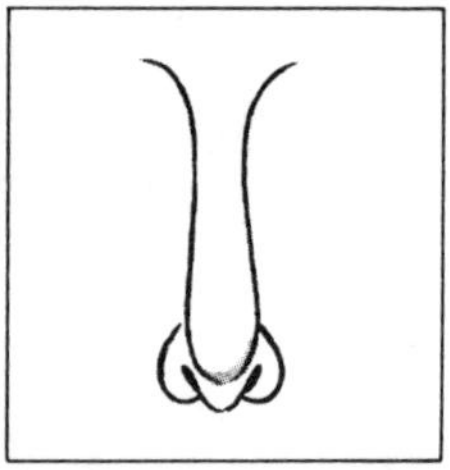

Schmale, (von vorn) sichtbare Nasenlöcher 146

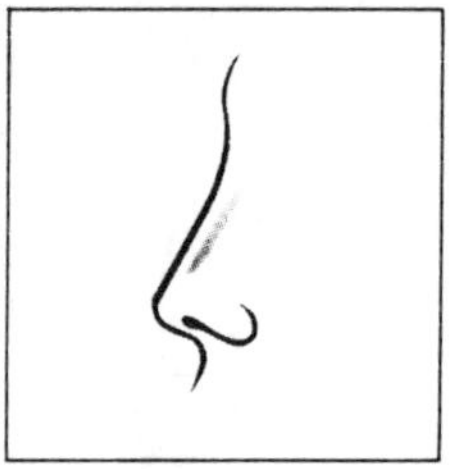

Kurz 141–142

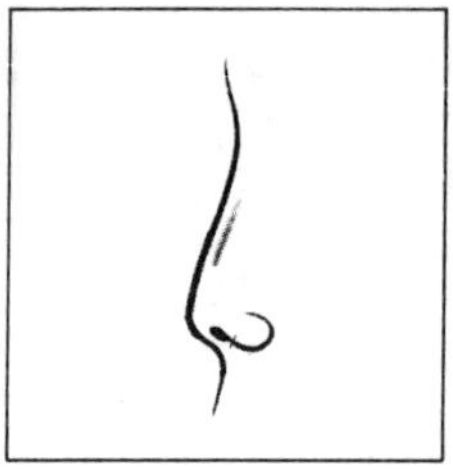

Platt 144

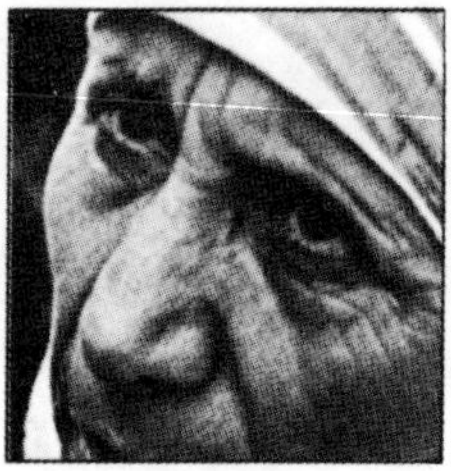

Dick 146–148

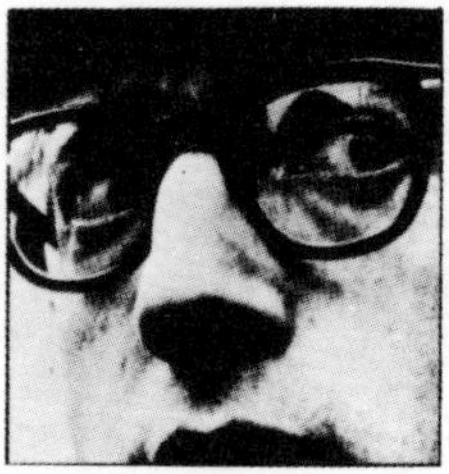

Hochsitzend 143

Kindlich 144–145

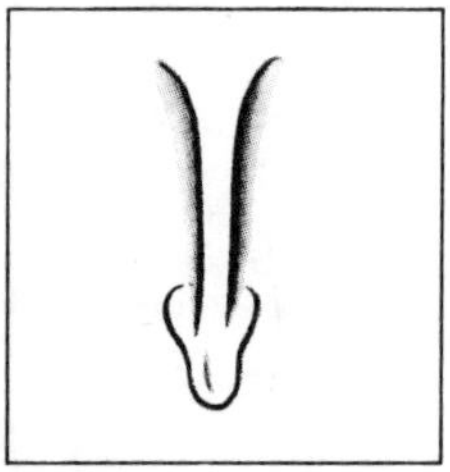

Dünn, schmal 147–148

NASE (FORTS.)

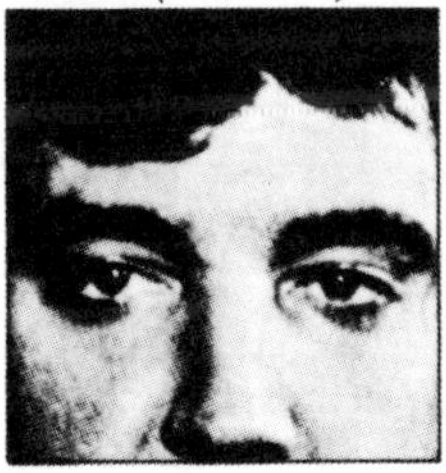

Breite Nasenwurzel 76, 78–79

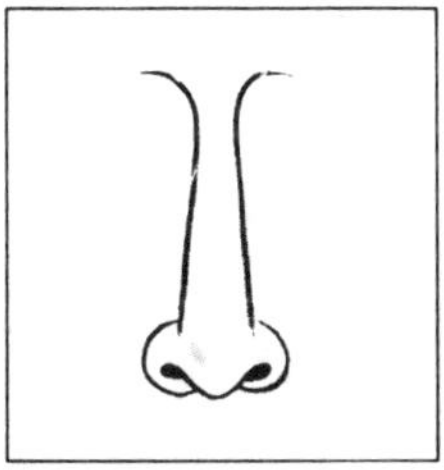

Enge Nasenwurzel 76

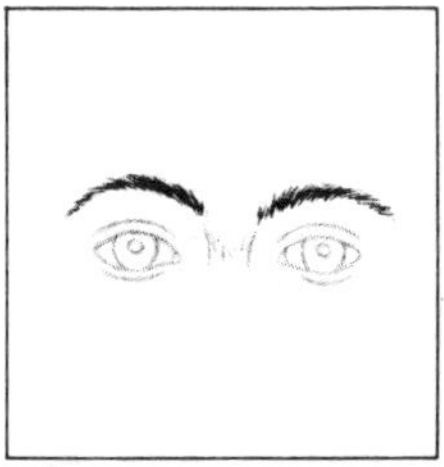

Behaarte Nasenwurzel 79–80

FLACHE NASENWURZEL 76
FALTIGE NASENWURZEL 77
WENIG AUSGEPRÄGTE NASE + GROSSE, DICKE OHRLÄPPCHEN 175
NIESEN 148

MUND

Idealer Mund 150–151

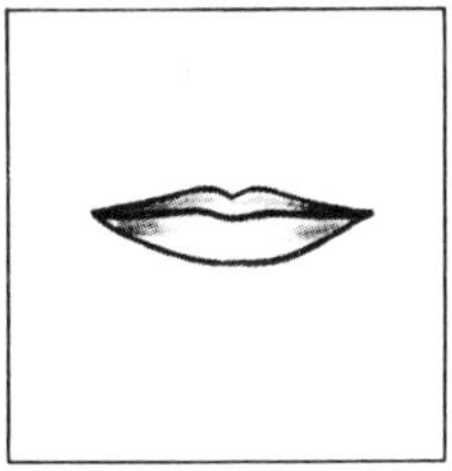

Dickere Unterlippe 152–153

Gerade, horizontale Linie zwischen den Lippen 150

Dicke Lippen 153–154

Gewellte Linie zwischen den Lippen 154–155

Außerordentlich dünne Lippen 153–154

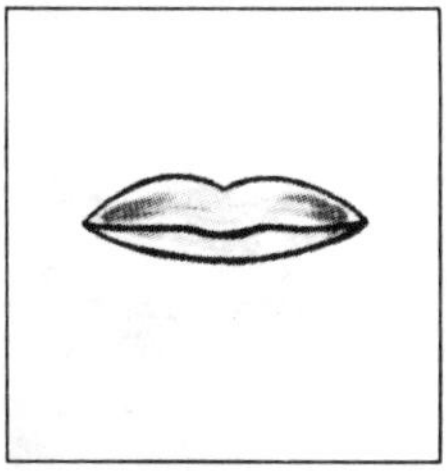

Dickere Oberlippe 151–152

ROTE, SCHWARZE, BRAUNE LIPPEN 151

MUND (FORTS.)

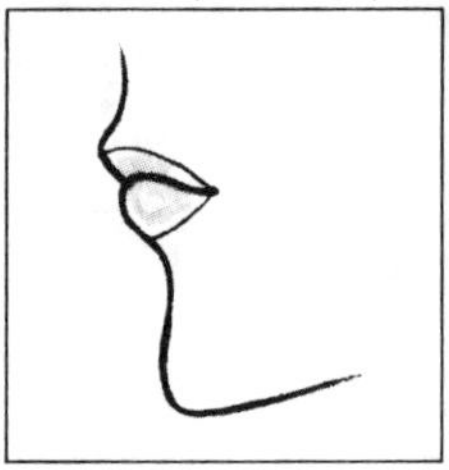

Fliehende Unterlippe 153

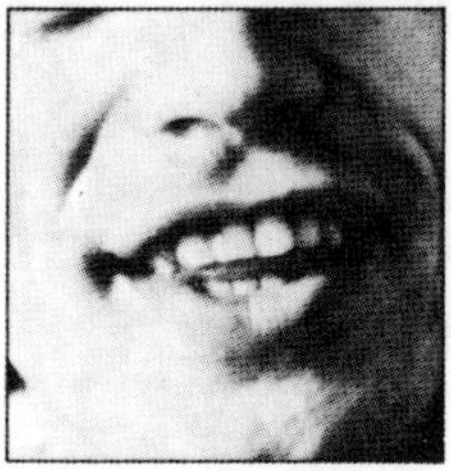

Ansteigende Mundwinkel 157, 158

KLEINE ZÄHNE 160
LANGE ZÄHNE 160
GLEICHFÖRMIGE ZÄHNE OHNE GRÖSSERE MÄNGEL 161

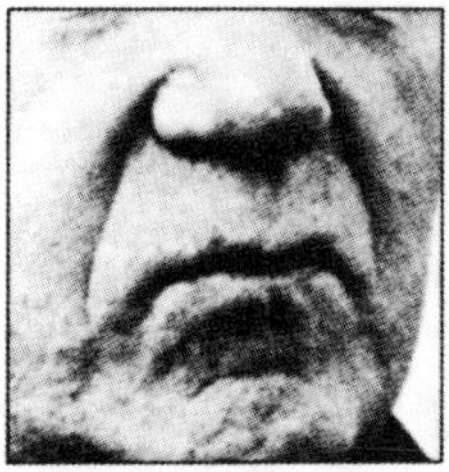

Herabhängende Mundwinkel 156

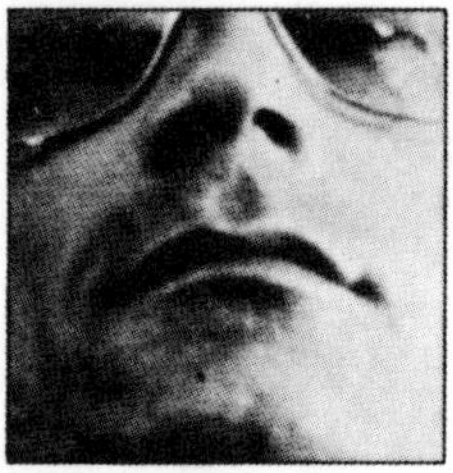

Mundwinkel in Grübchen übergehend 158, 159

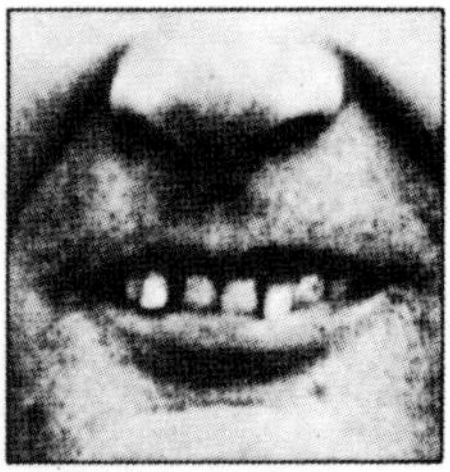

Lücken zwischen den Zähnen 161

ERSCHLAFFENDER MUND 156, 158
GROSSER MUND 150
KLEINER MUND 150

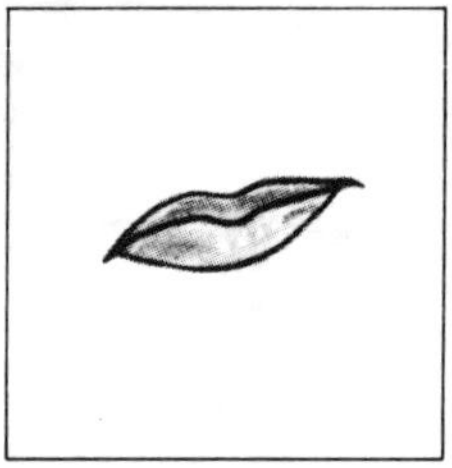

Schiefer Mund 159

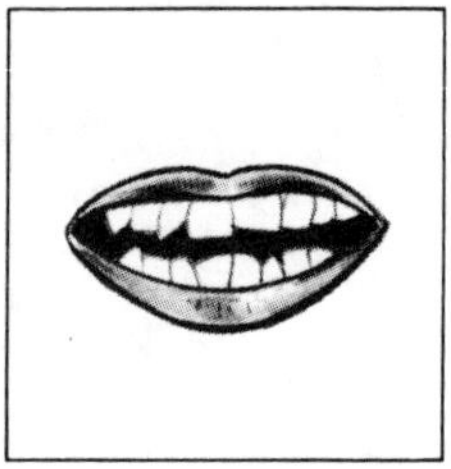

Zähne unterschiedlicher Größe 161, 162

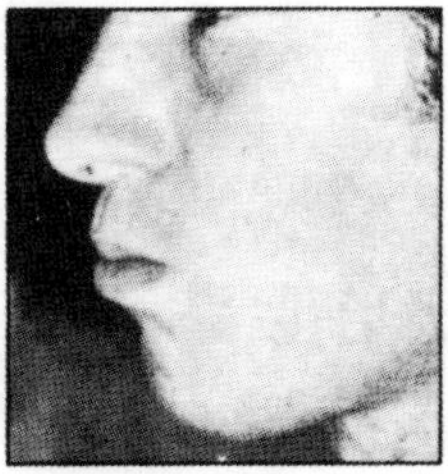

Schmollender Mund 157, 158

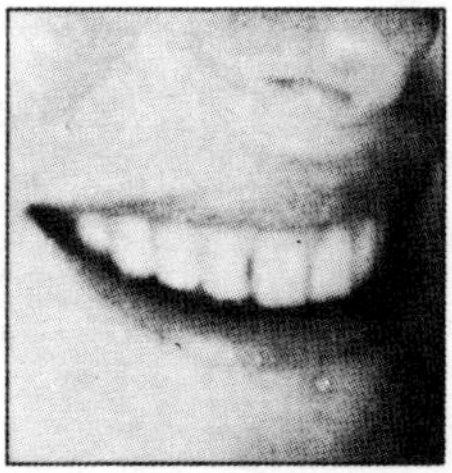

Große Zähne 160

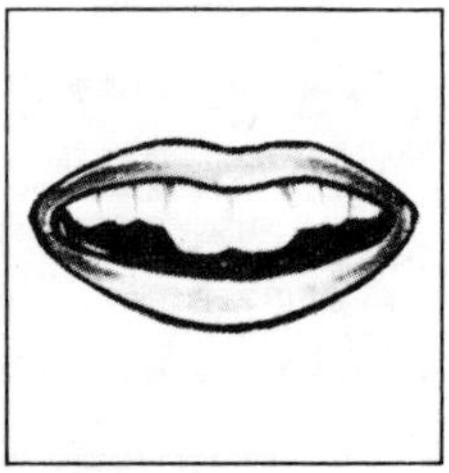

Zwei große mittlere Schneidezähne oben 161, 162

MUND (FORTS.)

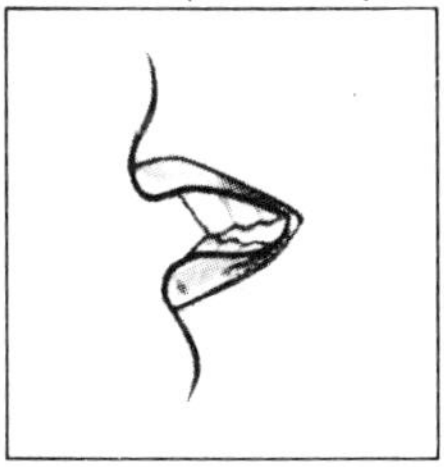

Obere und untere Zähne nach innen geneigt 162

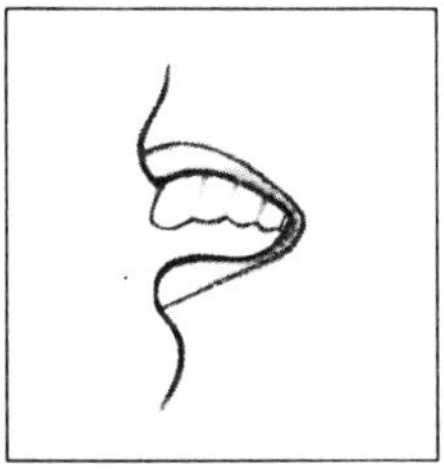

Vorstehende Zähne 155

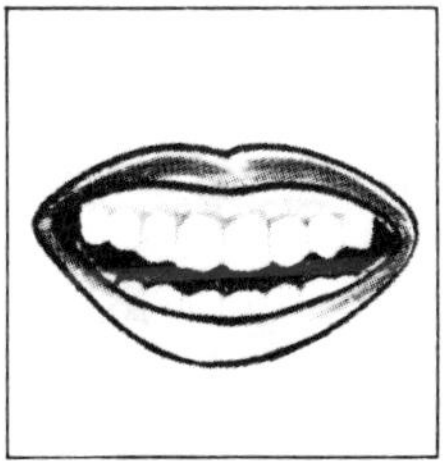

Zahnfleisch sichtbar beim Lachen 155

DICKE, ELFENBEIN-FARBENE ZÄHNE 162
DÜNNE ZÄHNE 162
SEHR WEISSE ZÄHNE 162
FEHLEN EINES OBEREN MITTLEREN SCHNEIDEZAHNS 162

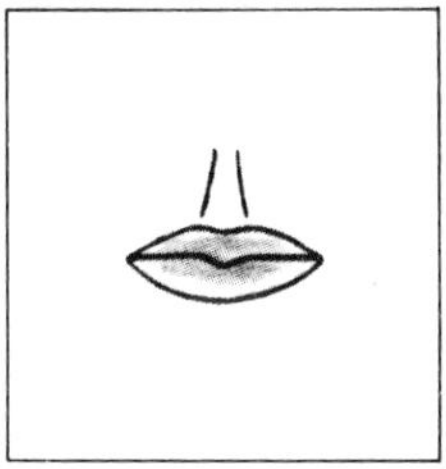

Die drei JEN-CHUNGS 163–164

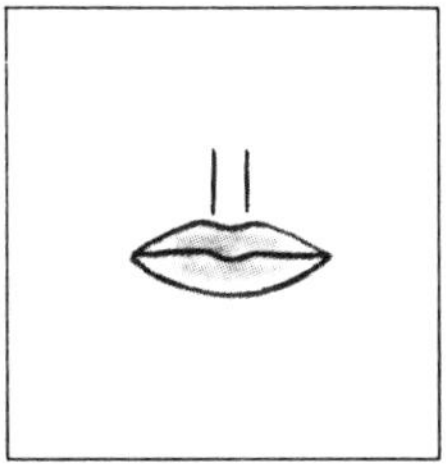

Die drei JEN-CHUNGS 163–164

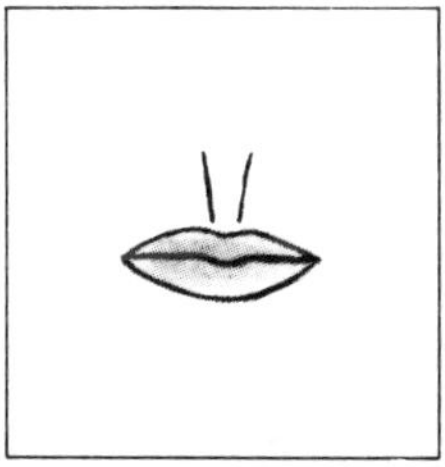

Die drei JEN-CHUNGS 163–164

OHR

Große Ohren 166–167

OHR (FORTS.)

GROSSE OHREN + KLEINES GESICHT 167

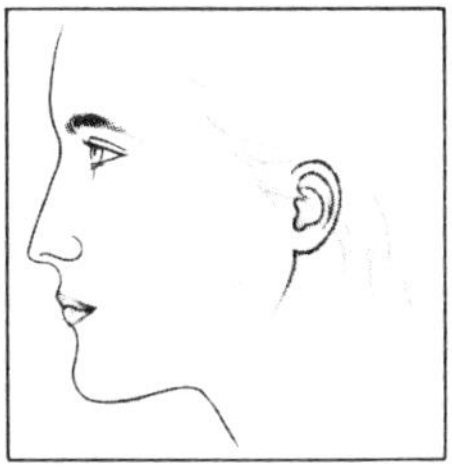

Kleine Ohren 167

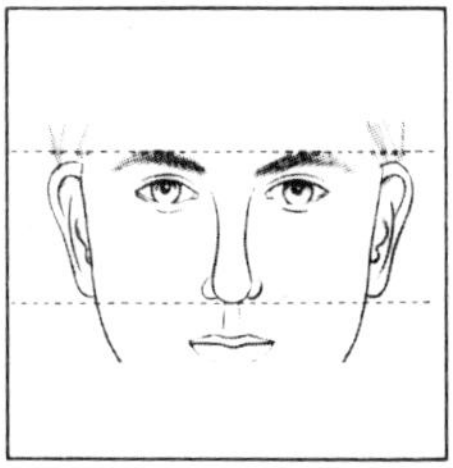

Ideale Lage der Ohren 168

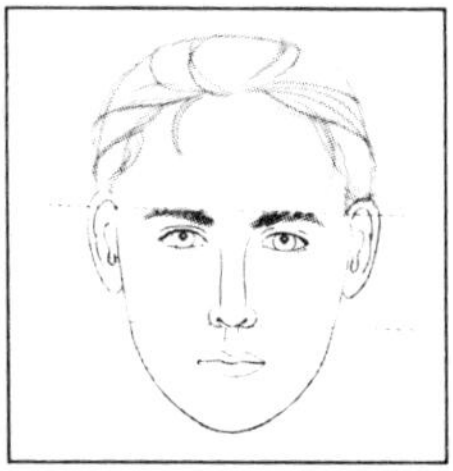

Hoch sitzende Ohren 168

OHR (FORTS.)

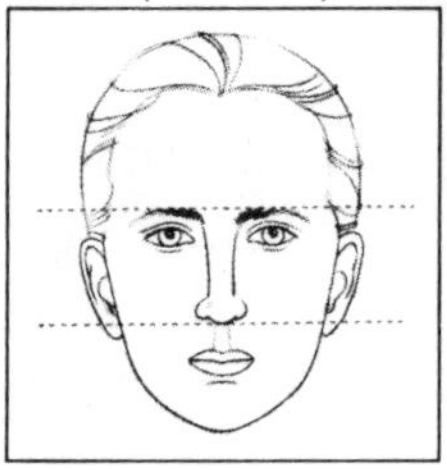

Tief sitzende Ohren 168–169

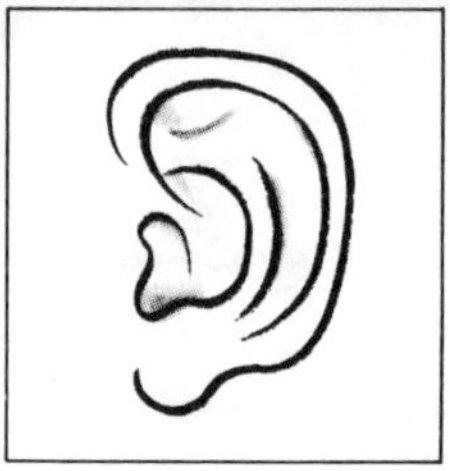

Eckig 171

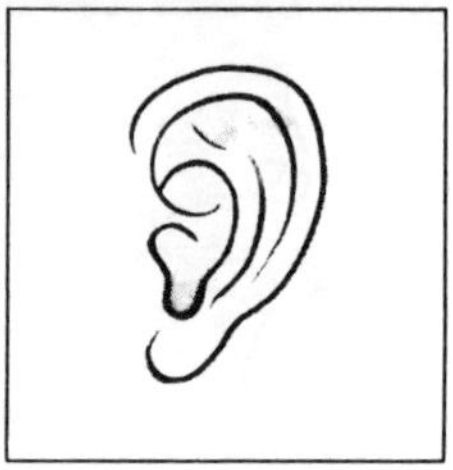

Oben auffallend breiter 171

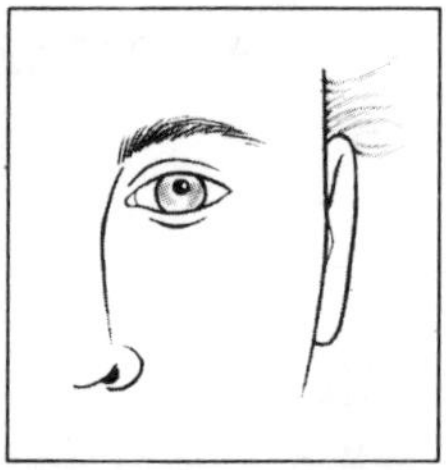

Anliegende Ohren 169

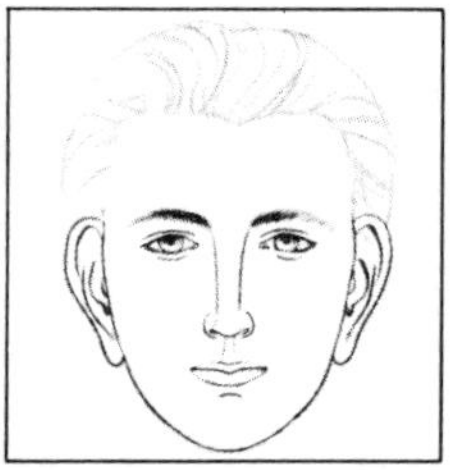

Lang 169, 173

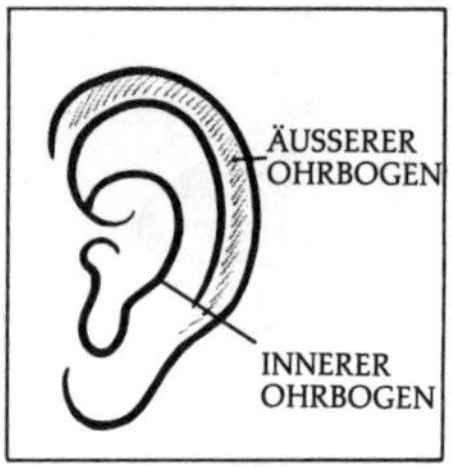

Innerer und äußerer Ohrbogen 173–174

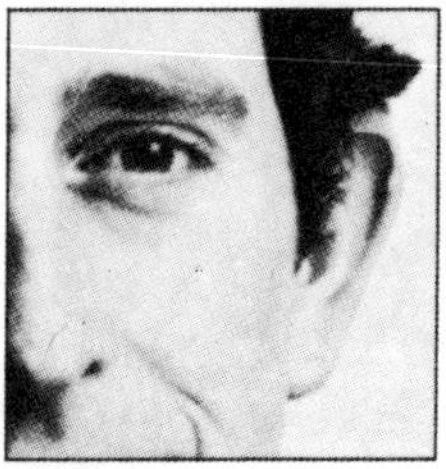

Abstehende Ohren 169–171

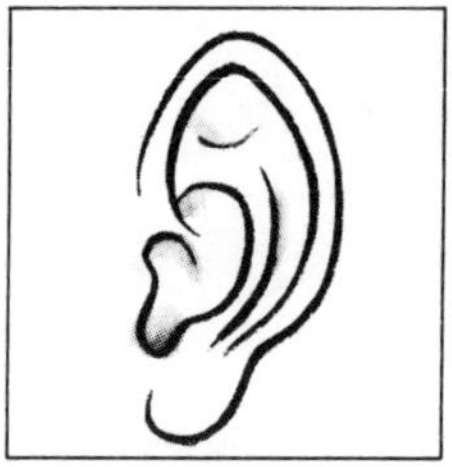

Spitz 169, 173

VORSTEHENDER INNERER OHRBOGEN 174
GROSSES OHR + UNAUSGEPRÄGTER INNERER BOGEN 173
GROSSES OHR + UNAUSGEPRÄGTER INNERER BOGEN + GUTE STIRN 173

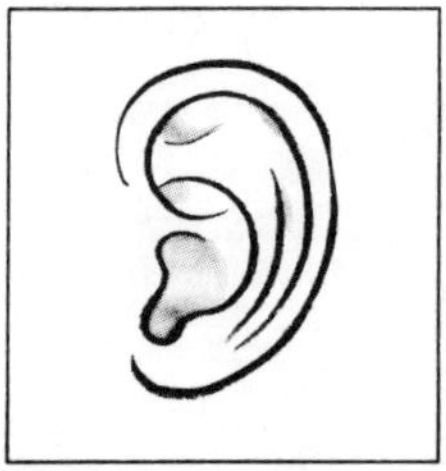

Rund 171

DICKE OHREN 169, 172
DÜNNE OHREN 169
GEHÖRGÄNGE 177

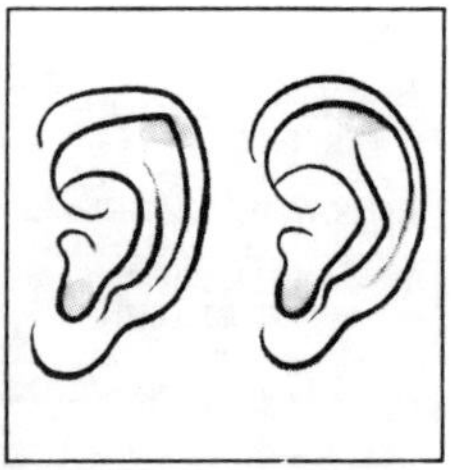

Scharfer Knick oder Krümmung im äußeren oder inneren Ohrbogen 173–174

OHR (FORTS.)

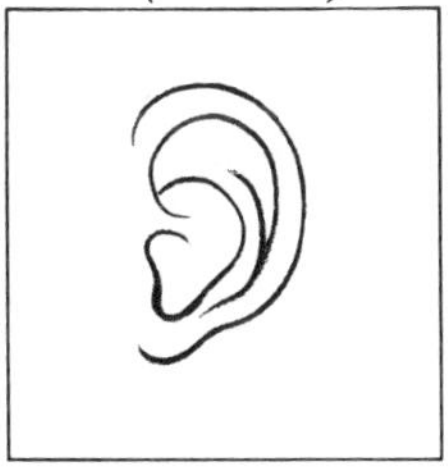

Kleine Ohrläppchen 175

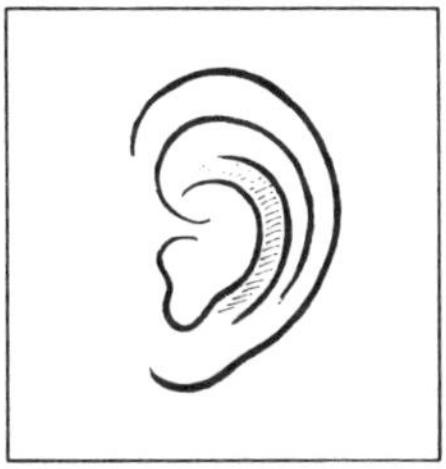

Kleine Ohrläppchen + runder, weiter innerer Ohrbogen 175

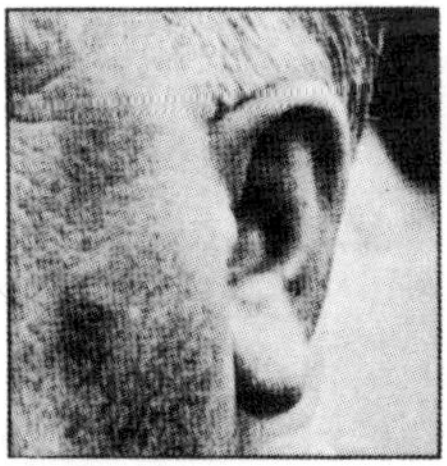

Große, dicke Ohrläppchen 175–176

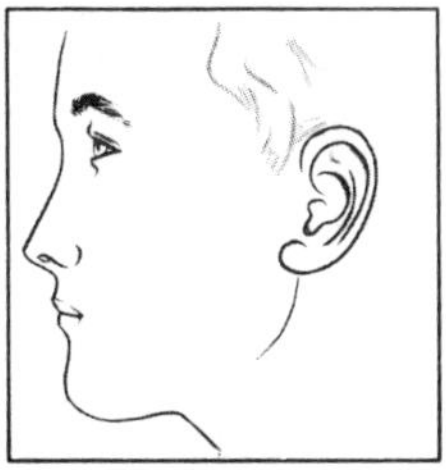

Vorstehende und zum Mund weisende Ohrläppchen 176–177

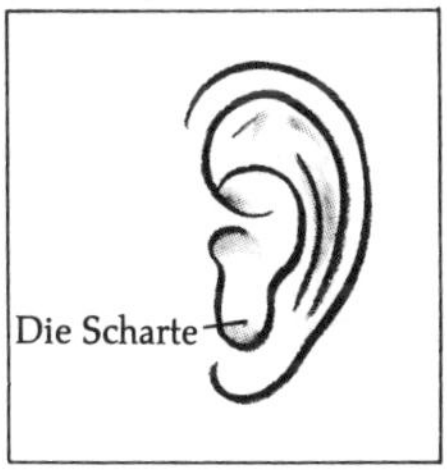

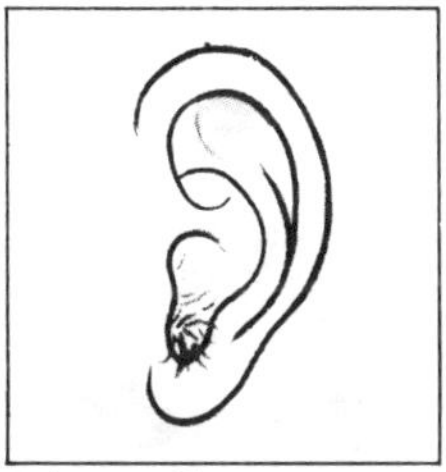

Behaarte Ohren 178

BACKEN & BACKENKNOCHEN

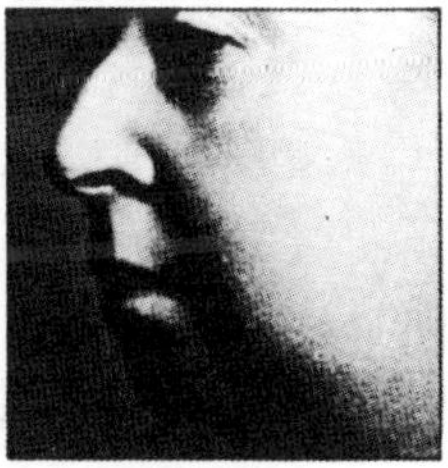

Runde Backen 179–182

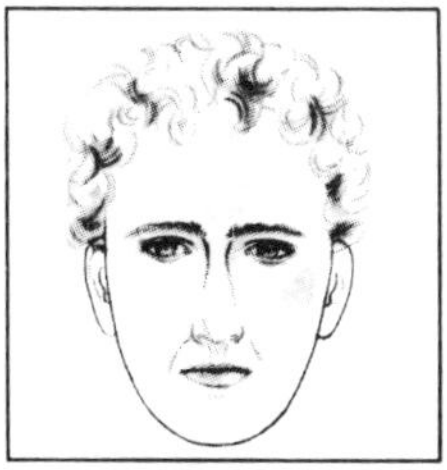

Hager, hohl oder flach 179, 182–184

BACKEN usw. (FORTS.)

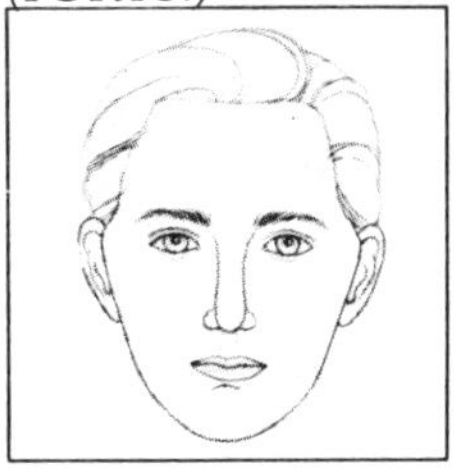

Backenknochen bilden breiteste Gesichtspartie 181

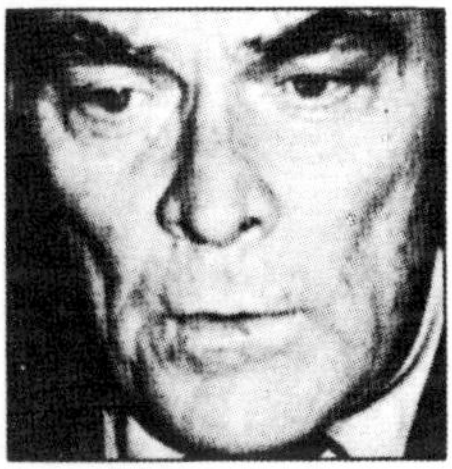

Vorstehende Backenknochen + eingefallene Backen + kräftiger Unterkiefer 182–183

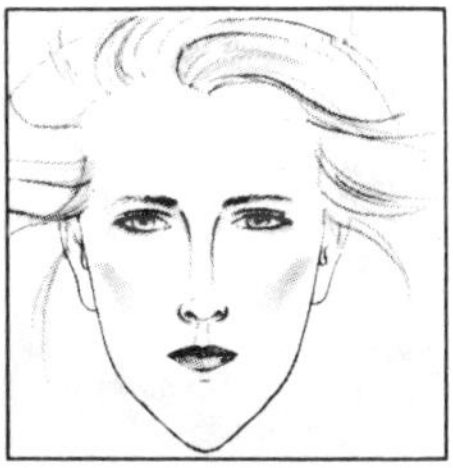

Vorstehende Backenknochen + sehr spitzes Kinn 182

HOHE BACKENKNOCHEN 179, 182
SCHARFE, HOHE, ANSTEIGENDE BACKENKNOCHEN 182
HOHE BACKENKNOCHEN + SEHR EINGEFALLENE BACKEN 183
DUNKEL GLÄNZENDE BACKEN 181

BACKEN usw. (FORTS.)

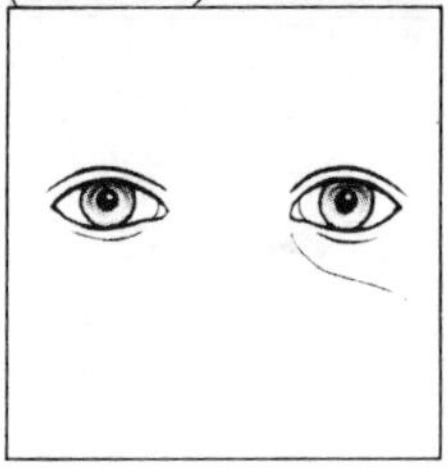

Falten über den Backenknochen 186

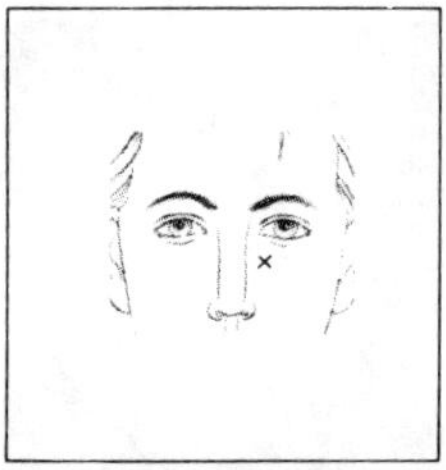

Eingefallene Zonen 187

KINN

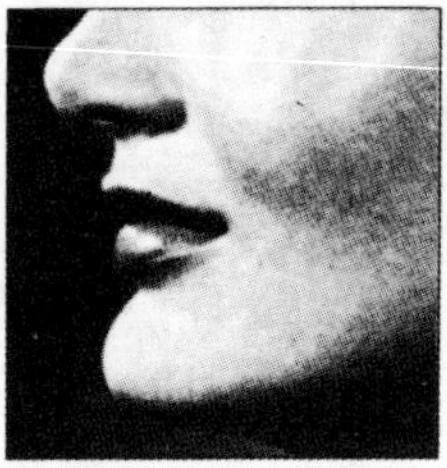

Vorstehend 188

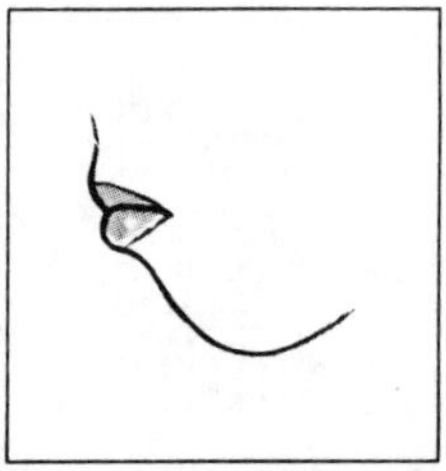

Fliehend 189–190

KINN (FORTS.)

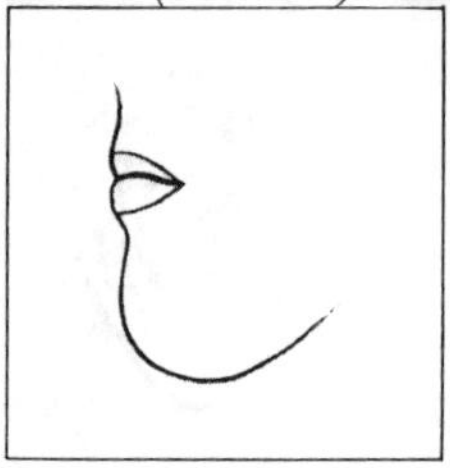

Glatt, rund 189, 191

Kantig 189–190

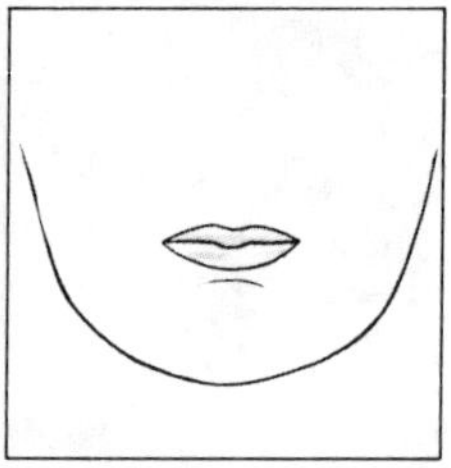

Breit 189

Grübchen unter den Mundwinkeln 191

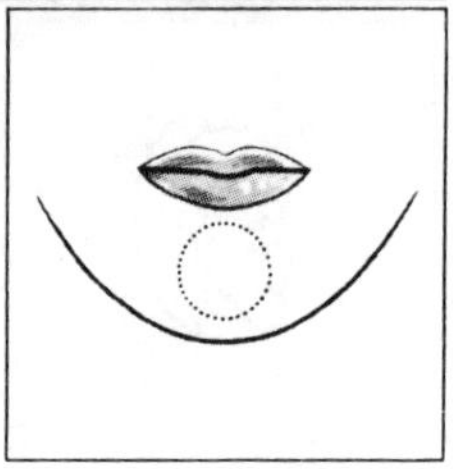

Fleischige Kinnmitte 191–192

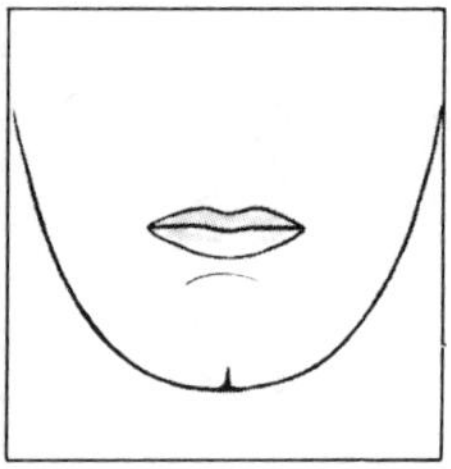

Kinnspalte 192

BÄRTE 193–195
KINNLÄNGE 57
KINN & KARRIERE 66–67
KINN & WOHLSTAND 68

MUTTERMALE

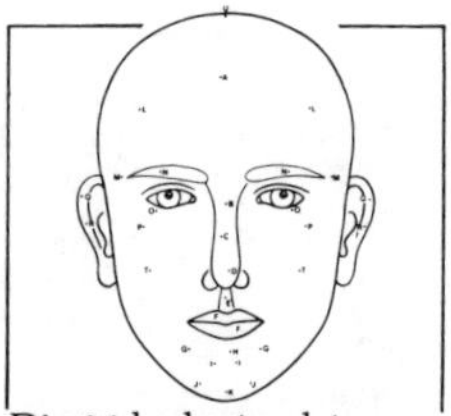

Die 21 bedeutendsten Male 196–199
5 intime Male 199

DAS SCHICKSAL JAHR FÜR JAHR

Männlich / Weiblich 200–202

KAPITEL III

DIE GESICHTS-FORMEN

Viele Gesichter sind leicht bestimmbar und lassen sich problemlos einem der in diesem Kapitel beschriebenen elf Typen zuordnen. Sie können auf den ersten Blick identifiziert werden. Einige Gesichter jedoch sind Kombinationen aus zwei oder mitunter sogar drei Formen. Kombinierte Gesichter enthalten einige der – guten und schlechten – Eigenschaften jeder Form, aus der sie sich zusammensetzen.

Beim Gebrauch des Führers »Gesichtszüge auf einen Blick« (Seite 12) sollte man beim eigenen Gesicht beginnen und sodann versuchen, die Gesichtsformen von Verwandten, Freunden und Fremden zu bestimmen. (Falls der Betreffende einen Bart, Schnurrbart, Pony oder eine Frisur hat, die seine Stirn oder Backen verbirgt, denke man sich die störenden Haarpartien weg.)

Es gibt keinen besseren Grund, sich Menschen genau anzusehen.

Mondgesicht

Dem Mondgesicht fehlt es an einer ausgeprägten Knochenstruktur, seine Rundheit und seine Kurven sind das Resultat weichen Gewebes.

Bei vielen weckt ein Mondgesicht die Vorstellung von Plumpheit. Siang Mien betrachtet den Mond jedoch als eines der Wunder des Universums. Bevor man allerdings beschließt, das *eigene* Gesicht als rund einzustufen, sollte man wissen, daß diese Gesichtsform auch einige Probleme birgt.

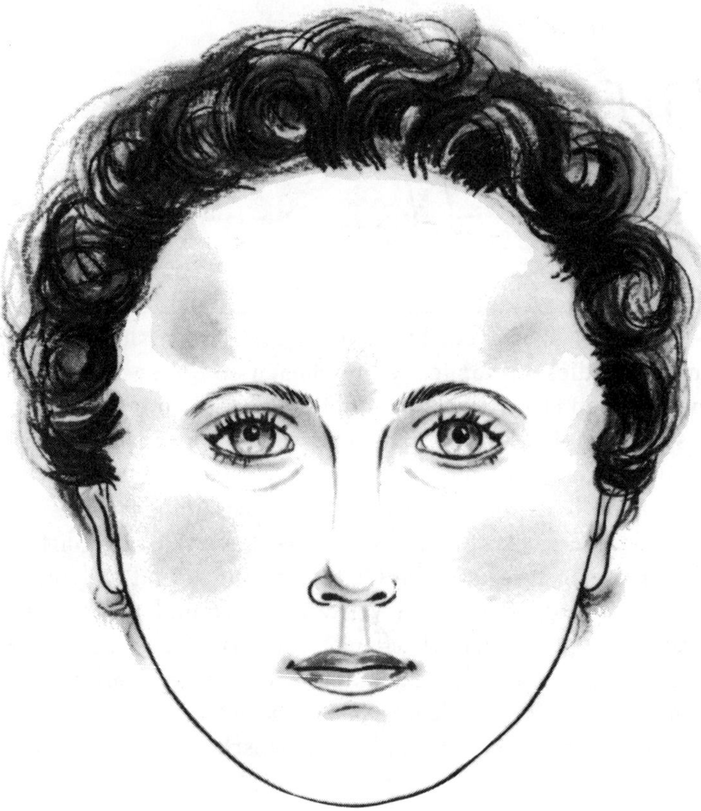

Mondgesicht

Siang Mien vergleicht das Mondgesicht gelegentlich mit dem Wasser, denn wie das Wasser seinen Lauf ändern und sich jeder Form anpassen kann, so können sich auch Mondgesichter neuen Situationen und Bedingungen anpassen. Noch heute glauben einige Chinesen an eine alte Volkssage, in der ein wundersamer Hase, der das Geheimnis der Unsterblichkeit kennt, auf dem Mond lebt, welcher aus Wasser gemacht ist.

Wegen ihrer Neigung zum Übergewicht ziehen Mondgesichter die geistige der körperlichen Tätigkeit vor; viele sind träge. Einige sind auch habgierig, und es gibt eine auf die Ming-Dynastie zurückgehende bekannte chinesische Erzählung, die einem über etwas Humor verfügenden, von Habgier befallenen Mondgesicht durchaus zum besten gegeben werden kann.

Sie handelt von einem armen Mann, der einen alten, unsterblich gewordenen Freund wiedertrifft. Als der Unsterbliche den Freund über seine Armut klagen hörte, berührte er mit seiner Fingerspitze einen Ziegelstein, der sich augenblicklich in Gold verwandelte. Dieses reichte er seinem armen Freund.

Als dieser nach mehr verlangte, gab ihm der Unsterbliche einen großen Goldklumpen, doch der Freund war immer noch nicht zufrieden.

»Was willst du mehr?« fragte darauf der Unsterbliche.

»Deinen Finger«, war die Antwort.

Obgleich das denjenigen, die ein Mondgesicht haben, ein wenig grob erscheinen mag, legt die Siang-Mien-Lehre des Charakterlesens nahe, daß der impertinente Bettler mondgesichtig war.

Das mittlere Alter verläuft für Mondgesichtige mit dickem Nacken befriedigender, während ein langer, dünner, schwanenhafter Hals ein Hinweis darauf ist, daß man in allen Krankheitsfällen besondere Vorsicht walten lassen sollte.

Siang Mien zeigt, daß sich viele Mondgesichtige für eine Karriere als Händler eignen. Diejenigen, die ein *Vollmond*gesicht haben, sehen die Ehe als Ärgernis, mitunter gar als Belästigung an und hegen Zweifel, ob es gut sei, Kinder zu haben. Viele von ihnen haben geheime erotische Gedanken.

Baumgesicht

Es gibt mehr Baumgesichter oder kombinierte Gesichter mit Baumelementen als irgendeine andere Gesichtsform.

Wie das Jadegesicht (zu dem wir als nächstes kommen) vermittelt das Baumgesicht eher den *Eindruck* der Länge als der Breite. Seine Stirn-, Backenknochen- und Kieferpartien sind etwa gleich breit, so daß die beiden Gesichtsseiten gerade verlaufen. Im Vergleich zum Baumgesicht hat das Jadegesicht die vorstehenderen Backenknochen.

Bäume wurden in China bereits verehrt, bevor die Siang-Mien-Lehre formuliert war, und in der chinesischen Literatur gibt es Erzählungen von Bäumen, die vor Schmerz laut klagten, als man sie fällte. Wie die Bäume mit ihren Knoten verraten Baumgesichter bereitwilliger als alle anderen Typen erlittenen Schmerz.

Laut Siang Mien sind Baumgesichter wie die Bäume in der Lage, Stürmen zu trotzen, und breiten wie diese ihre Zweige aus, um ihre Angehörigen und ihr Land zu schützen.

Wie die Jade- neigen auch die Baumgesichter dazu, beharrend, ja sogar streitsüchtig zu sein. Siang Mien zufolge werden diese Neigungen gelegentlich unterdrückt, sobald sie jedoch ausgelebt werden, entfesseln sie eine Schöpferkraft und Erfindungsgabe, die kaum ein Baumgesicht in sich vermutet hätte. Es ist, als erblühe ein Baum.

Mohammed Resa Pahlawi
Baumgesicht

Doch man sollte von Baumgesichtern niemals erwarten, daß sie Gunstbeweise dankbar vermerken oder gar erwidern. Bäume entwikkeln sich langsam, aber stetig, in der ihnen angemessenen Zeit.

Die familiären Beziehungen können durch geringfügige Belastungen beeinträchtigt werden, zumal dann, wenn sich ein Baumgesicht durch eine unbefriedigende oder uneinträgliche Tätigkeit beengt fühlt, als habe es sich in einem düsteren und undurchdringlichen Waldstück verirrt oder sei darin eingeschlossen.

Baumgesichter sind zufriedener, wenn sie führen, als wenn sie geführt werden. Der Baum, der beschnitten und am Spalier aufgezogen wird, ist weniger vollkommen als derjenige, der natürlich aufwächst.

Jadegesicht

Das Jadegesicht erkennt man an einer schmalen Stirn- und Kieferpartie sowie einer breiten Mittelpartie mit vorstehenden Backenknochen. Vor allem die Backenknochen sind es, die das Jade- vom Baumgesicht unterscheiden. Beide vermitteln eher den *Eindruck* der Länge als der Breite; doch die Backenknochen des Jadegesichts sind auffallender, während die Seiten des Baumgesichts gerader verlaufen.

Der Jadestein wird von den Chinesen wegen seiner Schönheit und seiner mystischen Eigenschaften geschätzt und gilt als Symbol für Ansehen und Glück. Ihm wird Heilkraft zugesprochen, ja sogar die Fähigkeit, Unsterblichkeit zu verleihen, ein Herzenswunsch vieler Chinesen. Vor mehr als 2000 Jahren wurde ein chinesisches Prinzenpaar in Leichenkleidern bestattet, die aus Tausenden von unschätzbaren, auf Goldfäden aufgezogenen Jadesteinen hergestellt waren.

Die Siang-Mien-Meister schätzen den Jade nicht nur wegen seiner Schönheit, sondern auch wegen seiner Festigkeit. Er ist härter als gewöhnlicher Stahl und symbolisiert für sie Beständigkeit und Überlebenswillen.

Vielen Jadegesichtern wurde die Kindheit dadurch getrübt, daß sie von anderen mißverstanden oder unterschätzt wurden. Nicht wenige sind in ärmlichen Verhältnissen zur Welt gekommen, doch die Erin-

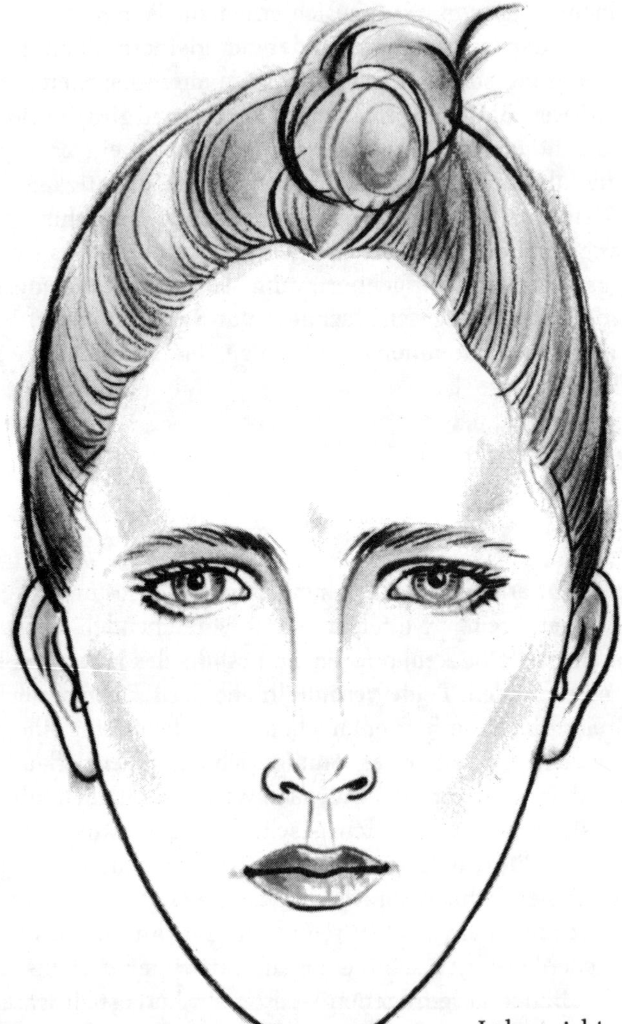

Jadegesicht

nerung an unglückliche oder schwere Zeiten wirkt als Ansporn, um aus jeder Gelegenheit das Beste zu machen. Laut Siang Mien handelt es sich hier um Menschen, die auf die eigene Kraft bauen und in der Lage sind, Rückschläge zu verkraften. Jadegesichter sind hart, auch wenn es Außenstehenden nicht immer erkennbar sein mag.

Während der Ching-Dynastie wählte General Tsang Guofeng, wegen seiner gegenüber Freund und Feind gleichermaßen geübten Härte bekannt, für seine Fronttruppen jadegesichtige Soldaten aus. Als Siang-Mien-Praktikant kannte er die Stärke und Kampfmoral dieser Menschen.

Doch trotz ihrer Vitalität sind Jadegesichter manchmal sehr unbeliebt; viele sind nachtragend und sorgen dafür, daß der für ihre Unbill Schuldige früher oder später dafür bezahlen muß. Was sie lediglich als gewissenhafte Pflichterfüllung ansehen, mögen andere bereits als egoistische Überheblichkeit und die Unfähigkeit, Verantwortung zu delegieren, betrachten.

Die erfolgreichsten Jadegesichter sind geradlinig. Damit ist nicht ein Gesicht gemeint, das »keine Miene verzieht«, sondern eines, das im Profil glatt, gleichmäßig und frei von Höckern ist.

Eisengesicht □

Eisengesichter sind quadratisch. Stirn- und Kieferpartie sind gleich breit, und dieser Breite entspricht die Höhe der Gesichtsseiten zwischen Schläfe und Kiefer.

Es ist keinesfalls beunruhigend, ein Quadratgesicht zu haben. Siang Mien betrachtet das Quadrat als Symbol für Stabilität und Unbestechlichkeit. Zur Zeit der Sung-Dynastie erhielt ein Staatsmann namens Pao Cheng den Beinamen »Der Mann mit dem Eisengesicht«. Er war aufrichtig, selbstlos und dem, was er für richtig hielt, ganz und gar verschrieben, hatte dabei aber einen so unbeweglichen Gesichtsausdruck, daß er sein Leben lang niemals lächelte.

Glücklicherweise lächeln Eisengesichter heutzutage durchaus. So wie Eisen hart ist, jedoch bei hohen Temperaturen weich wird, wissen Eisengesichter, wann es an der Zeit ist, zu drängen, und wann es besser ist, sich zurückzuhalten. Um keinen Fehler zu begehen, pflegen Eisenmann oder Eisenfrau die Dinge abzuwägen, bevor sie handeln, doch wenn sie sich einmal entschieden haben, tun sie ihr Möglichstes, um den eingeschlagenen Weg bis ans Ende zu gehen. Eisengesichter haben viele der Eigenschaften, die Spitzenpolitiker

Sir Winston Churchill
Eisengesicht

und Staatsmänner ausmachen.

Laut Siang Mien sollten Männer und Frauen mit einem Eisengesicht nicht völlig ignoriert werden, zumal sie ihre Ansichten, wie unangenehm sie auch immer sein mögen, aufrichtig vertreten. Doch ihre Aufrichtigkeit wird auf die Probe gestellt, sobald sie ihre Heimat verlassen; viele heiraten mehrmals.

Eisengesichter, die ihren Ehegatten oder Liebhabern das Gefühl vermitteln können, »verstanden« und anerkannt zu sein, erhalten ihrerseits von ihrem Partner – emotionalen wie finanziellen – Rückhalt, was wiederum zu ihrem allgemeinen Wohlergehen beiträgt.

Berggesicht △

Das Berggesicht hat eine enge Stirn, breite Backenknochen und eine noch breitere, kantige Kieferpartie. Es ist leicht mit dem Erdgesicht zu verwechseln, weil bei beiden die Kieferpartie am breitesten ist. Der Unterschied besteht in der Stirnpartie, die beim Berggesicht viel schmaler ist.

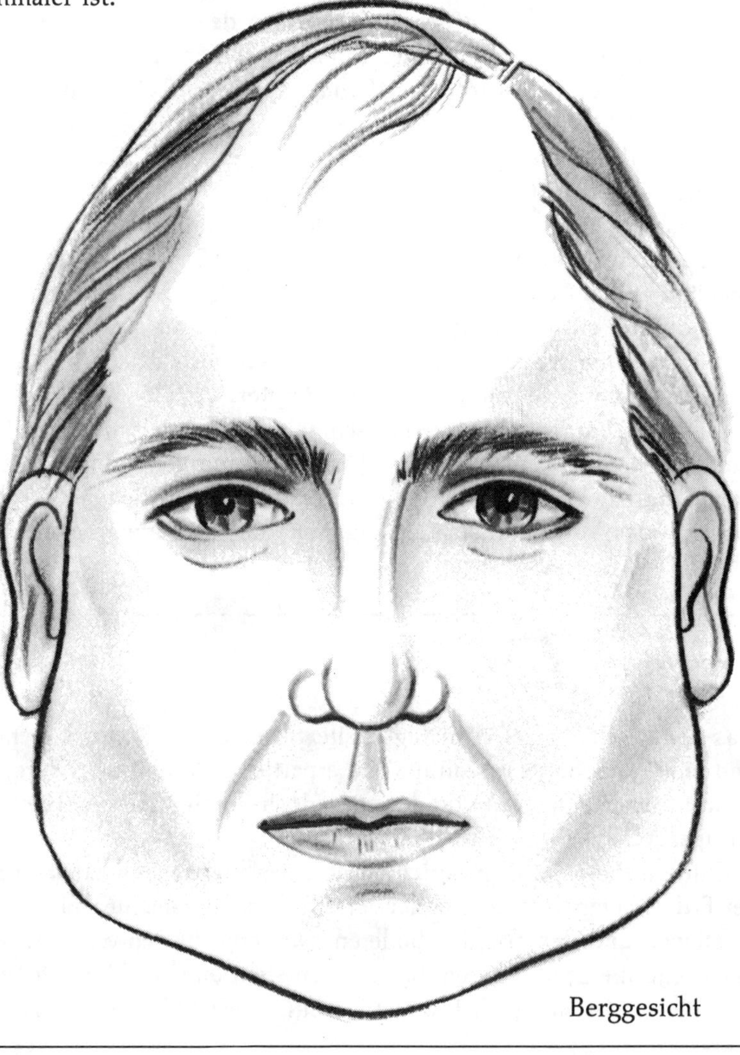

Berggesicht

Nahezu ebenso alt wie Siang Mien selbst ist die chinesische Erzählung von dem einfältigen Alten, der Berge versetzte. Sie handelt von den eigensinnigen Bemühungen eines alten Mannes, zwei Berge, die ihm im Wege stehen, mit einer Hacke abzutragen.

Die Weisen legten ihm dar, daß sein Vorhaben undurchführbar sei, doch der einfältige Alte erwiderte, es werde von seinen Söhnen, Enkeln und so weiter bis in alle Ewigkeit fortgeführt werden. Von der Entschlossenheit und den Bemühungen des Alten beeindruckt, sandte Gott zwei Engel mit dem Auftrag, die Berge auf ihrem Rücken fortzutragen, und so wurde das Vorhaben noch zu Lebzeiten des Alten vollendet.

Mao Zedong erzählte diese Geschichte gern seinen Anhängern. Seine Botschaft war eher politischer Natur, doch für Mao – wie für die Meister des Siang Mien und jeden gewöhnlichen Chinesen – symbolisierten Berge den Willen zum Kampf: Erwarte keine Gefälligkeiten anderer und finde dich niemals mit einer Niederlage ab, so wirst du aus eigenen Kräften erreichen, wonach du strebst.

Berggesichter wissen, daß sie hart arbeiten müssen, um im Leben voranzukommen. Sie sind geborene Kämpfer.

Wenn ein Berggesicht eine sehr schmale Stirn besitzt und in früher Kindheit – namentlich in den familiären Beziehungen – unglückliche Zeiten durchlebt hat, dann, so besagt Siang Mien, liegen dort die Wurzeln des Vorsatzes, sich aus eigener Kraft emporzuarbeiten.

Erdgesicht

Das Erdgesicht hat eine mäßig breite Stirn, breite Backenknochen und eine noch breitere, kantige Kieferpartie. Es ähnelt dem Berggesicht, unterscheidet sich von diesem jedoch durch seine viel breitere Stirnpartie.

Chinesische Legenden berichten von der chaotischen Entstehung der Erde aus einem sich zerteilenden Ei, wobei die leichten Elemente aufstiegen und den Himmel bildeten, während die schweren herabfielen und die Erde schufen. Siang Mien stellt eine Verbindung zwischen der Entstehung der Erde und dem Erdgesicht her. Erdgesichter

Heinrich VIII.
Erdgesicht

sind aggressiv, zumal, wenn sie eine kräftige Gesichtsmuskulatur haben. Zumeist sind sie undankbar und neigen zur Gehässigkeit. Während sie selbst rasch beleidigt sind, beleidigen sie ihrerseits andere durch ihr grobschlächtiges Verhalten.

Dieses grobe, mitunter sozialfeindliche Verhalten resultiert aus einem übersteigerten Wissensdurst. Als »self-made«-Menschen sind sie ständig bestrebt, im Leben voranzukommen. Ihre Spannkraft ist ebenso bewundernswert, wie ihre Lernfähigkeit bemerkenswert ist.

Seit Jahrtausenden haben die Chinesen Gelehrte und Wissenshungrige bewundert. Doch die Warnung von Konfuzius vor den Gefahren einer falschen Anwendung des Gelernten ist auch heute noch gültig:

Wer lernt, aber nicht denkt, ist verloren.

Wer denkt, aber nicht lernt, ist in großer Gefahr.

Siang Mien sagt, daß zwei Erdgesichter von gleicher Gesinnung, gleicher Entschlossenheit und gleichem Ehrgeiz, die gemeinsam ein Vorhaben in Angriff nehmen, mit ihrem Scharfsinn Metall durchtrennen und mit ihrem vereinten Willen Erde in Gold verwandeln können.

Das Verhältnis zum Ehepartner und zu den Kindern ist gelegentlich gespannt, da ein erdgesichtiger Elternteil streng und fordernd sein kann. Auch Eigensinn ist ein Charaktermerkmal der Erdgesichter, doch vorausgesetzt, sie vermögen ernste Fehlurteile einzugestehen, können sie zu der Erkenntnis gelangen, daß Eigensinn im Leben hilfreich ist, nicht hinderlich.

»Wenn der Himmel regnen oder deine Mutter sich wiederverheiraten will, dann gibt es nichts, was sie aufhalten könnte«, lautet eine alte chinesische Redensart, die die Entschlossenheit von Menschen mit Erdgesichtern vollendet resümiert.

Feuergesicht ▽

Das Feuergesicht hat eine breite Stirn und hochsitzende Backenknochen. Es verjüngt sich zu einer schmalen Kieferpartie und einem langen, mageren Kinn. (Auch das Kübelgesicht verjüngt sich zum Kinn hin, ist jedoch breiter, namentlich in der Kieferpartie.)

Siang Mien vergleicht dieses Gesicht mit dem Feuer: scheinend, sensitiv und begierig. Sobald das Feuer etwas erfaßt hat, breitet es sich rasch aus; das Feuergesicht lernt schnell, die breite Stirn ist ein Zeichen für Intelligenz.

Ein hoher Haaransatz ist ein weiteres Intelligenzindiz. Darin stimmen die Menschen vieler Länder überein, indem sie jemanden mit einer hohen Stirn »Eierkopf« nennen.

Aufgrund ihrer Sensibilität neigen Feuergesichter dazu, bei der Wahl eines Partners für eine enge, langfristige Beziehung Fehler zu begehen. Übersensiblen Feuergesichtern können weitere Probleme daraus erwachsen, daß sie einen tiefsitzenden Argwohn gegenüber

Königin Elisabeth I.
Feuergesicht

den Handlungen und Absichten anderer hegen: Kurz, es fällt ihnen schwer, ja ist ihnen mitunter unmöglich, anderen Menschen zu vertrauen.

»Wenn das, was wir vor unseren Augen sehen, zweifelhaft ist, wie erst können wir alles das glauben, was hinter unserem Rücken erzählt wird?« lautet eine bekannte chinesische Redensart, die in besonderem Maße die Empfindungen des Feuergesichts wiedergibt.

Kübelgesicht

Das Kübelgesicht hat eine breite Stirnpartie und verjüngt sich an den Seiten. Es hat entfernte Ähnlichkeit mit dem Feuergesicht, ist jedoch insgesamt breiter und hat eine weitere Kinn- und Kieferpartie.

Auch wenn es wenig schmeichelhaft sein mag, sein Gesicht als Kübel bezeichnet zu sehen, so verheißt das Kübelgesicht laut Siang Mien doch in mehrfacher Hinsicht Gutes.

Für viele Kübelgesichter verläuft das Leben glücklich, bis unvermutet eine Zeit des Ungemachs anbricht. Vor dem Hintergrund zeitweiliger Stabilität sind Kübelgesichter zumeist in der Lage, auf innere Kraftreserven zurückzugreifen, wodurch sie den Eindruck erwecken, ihr Befinden sei zufriedenstellend und ausgeglichen, selbst wenn die Dinge einmal einen schlechten Verlauf nehmen.

Ihre Fähigkeit, ruhig und ausgeglichen zu wirken, kann mit der Haltung der Bauern in den armen ländlichen Gebieten Chinas, wo die Bewässerung der Felder von Hand geschieht, verglichen werden. Dort traben die Bäuerinnen und Bauern in mäßigem Tempo über die Felder, wobei sie auf ihren Schultern geschickt einen Bambusstab balancieren, an dem zwei schwere Wasserkübel hängen. Nur selten verlieren sie dabei das Gleichgewicht oder verschütten einen der Kübel.

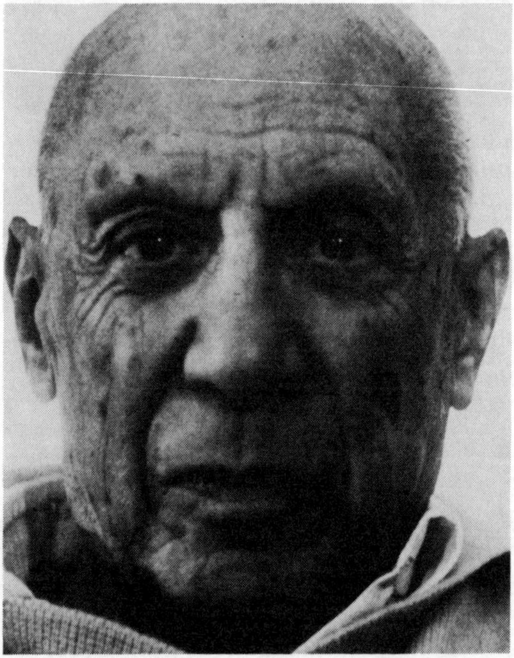

Pablo Picasso
Kübelgesicht

Wo Kübelgesichter im Leben erfolgreich sind, gibt es schon von früh an Beweise ihrer Intelligenz und Schläue. Einige ihrer Ideen erweisen sich, sobald sie die Chance zur Verwirklichung erhalten, als brillant. Doch die Besitzer dieses Gesichts erleben auch Perioden des Trübsinns und Phasen der Tagträumerei, während derer die Qualität ihrer Arbeit nachläßt.

Die meisten Kübelgesichter sind freundlich, obgleich schwer zu sagen ist, ob sie es von Herzen sind oder nur, um gelobt zu werden. In der Regel sind sie stolz, patriotisch und sich ihrer eigenen Bedeutung bewußt.

Wer in engen physischen und emotionalen Beziehungen zu ihnen steht, kann sich leicht abgewiesen fühlen, da man nie ganz sicher sein kann, was in ihren Köpfen wirklich vorgeht.

Königsgesicht 王

Siang Mien bedient sich dieses Symbols zur Bezeichnung des Königsgesichts, weil es das chinesische Schriftzeichen für »König« ist.

Das Königsgesicht ist sehr knochig und hat ausgeprägte Stirn-, Backen- und Kieferpartien. Nicht alle Eigenschaften dieses Gesichts sind königlich, doch wie die Geschichte gezeigt hat, waren nicht alle Könige und Kaiser gut.

Im kaiserlichen China wurden die Kaiser als Priesterkönige verehrt, deren Handeln vom Himmel gelenkt wurde. Schlechte Herrscher, so glaubte man, würden durch den Entzug des himmlischen Schutzes in Ungnade fallen, wie es ein chinesisches Sprichwort besagt:

Wer Erfolg hat, wird Kaiser.
Wer scheitert, ist ein Bandit.

Dieses Gesicht ist das eines Führers, obgleich viele Königsgesichter – bewußt oder unbewußt – der Neigung zum Führen widerstehen und sich ihrerseits in schlechte Gesellschaft begeben. Siang Mien warnt Königsgesichter vor wahrhaft schlechten Einflüssen, etwa aus der Unterwelt der Gangster, Informanten und Spione. Obgleich die meisten Königsgesichter derartigen Einflüssen wohl kaum begegnen

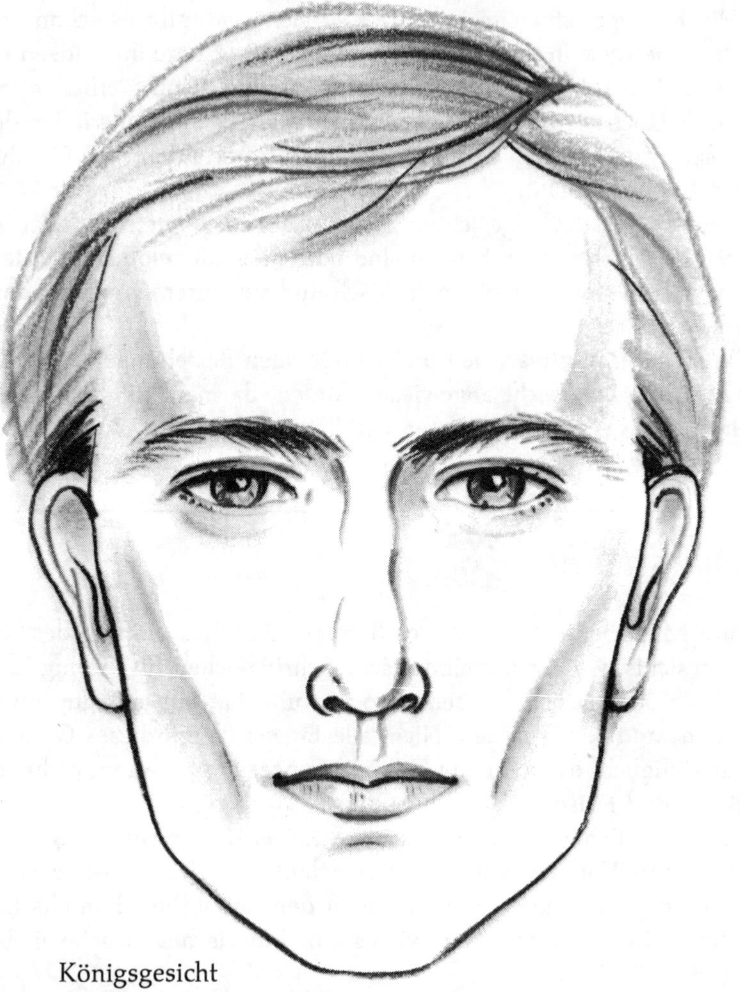

Königsgesicht

werden, kann man nie wissen, wer sich hinter einem Fremden verbirgt.

Königsgesichter, die die Herausforderung des Führens annehmen, werden ihre Führungsqualitäten durch natürlichen Kampfgeist, Härte und Ausdauer untermauert finden. Sie geben nicht leicht auf, noch sind sie sonderlich duldsam.

Vielen Königsgesichtern gelingt es, Mißgeschicke in Erfolge zu wenden; ihnen ist Reichtum beschieden, zugleich aber sind sie selbstsüchtig. Siang Mien sagt, daß auch erfolgreiche Königsgesichter einem Leben mit wechselnden Geschicken unterworfen sind, weshalb sich übertriebenes Selbstvertrauen nicht auszahlt.

Siang Mien warnt Königsgesichter davor, Groll zu hegen. Mit dem Scheitern eines Vorhabens oder irgendeiner ihnen wichtigen Angelegenheit konfrontiert, sind sie versucht, sich aus einer Beziehung oder einer Unternehmung zu lösen, anstatt anderen zu gestatten, daraus Nutzen oder Vergnügen zu ziehen. Siang Mien weist darauf hin, daß rachsüchtige Handlungen nicht nur den Erfolg des Königsgesichts gefährden, sondern auch die Wahrscheinlichkeit unvermuteter und unangenehmer Auswirkungen erhöhen: ein einleuchtender Gedanke.

Königsgesichter sehen es gern, jedermanns Zustimmung zu erhalten; enge Beziehungen gehen sie ungern ein. Ein Leben an der Seite eines königsgesichtigen Ehegatten verläuft häufig turbulent.

Mauergesicht

Das Mauergesicht ist zwischen Haaransatz und der Kiefer- und Kinnpartie extrem niedrig, zugleich aber sehr breit. Von allen Gesichtern ist es das gedrungenste.

Es ist das Gesicht eines Überlebenskünstlers, dessen Überlebensfähigkeit mit der Chinesischen Mauer verglichen werden kann.

Vor mehr als 2000 Jahren befahl der erste Kaiser von China den Bau einer Mauer, um seinen Staat gegen Eindringlinge aus dem Norden zu sichern. Diese ohne jegliche maschinelle Hilfe in bergigem Gelände angelegte, rund 2450 km lange Mauer ist das einzige von Menschenhand geschaffene Bauwerk, das die amerikanischen Astronauten vom Mond aus erkennen konnten.

Wie die Große Mauer vermögen auch die Mauergesichter Belästigungen und Angriffen standzuhalten und verstehen es geschickt, Streitigkeiten siegreich zu bestehen. Sie sind ständig vor Gefahren auf der Hut, wobei sie sich von der Vorstellung leiten lassen, daß »Mauern Ohren haben« – wie es sowohl bei den Siang-Mien-Meistern als auch außerhalb Chinas häufig heißt.

Ein sprunghaftes Temperament, Impulsivität und die Unfähigkeit, vorauszuplanen, machen viele gute Ideen und Pläne von Mauergesichtern zunichte. Siang-Mien-Meister pflegen von Mauergesichtern

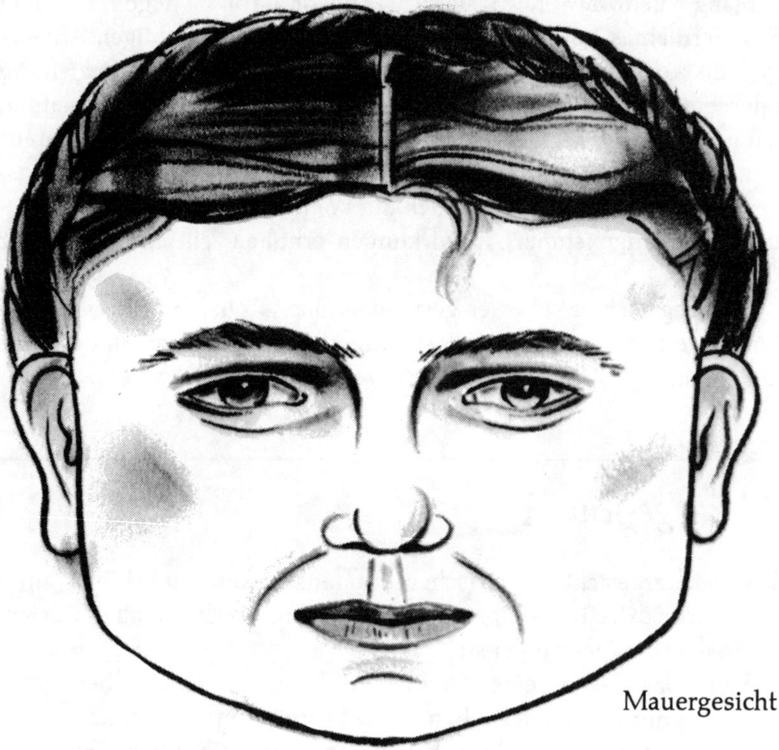

Mauergesicht

zu sagen: »Noch gestern abend wälzten sie tausend Pläne im Kopf, doch heute morgen folgen sie ihren alten Bahnen.«

Vor eine Entscheidung gestellt, ziehen es Mauergesichter vor, Problemen aus dem Weg zu gehen, und über die Zukunft denken sie nicht gerne nach. Ein chinesisches Sprichwort, das sich an die meisten Mauergesichter wenden könnte, lautet: »Hast du einen schlechten Traum, schreibe oder male ihn auf eine nach Süden weisende Mauer, und alles wird gut sein.«

Siang Mien erkennt bei Mauergesichtern einen Hang zum Neurotischen, und als Ehepartner können sie lästig und frustrierend sein, indem sie ihren Lieben das Gefühl vermitteln, mit dem Kopf gegen eine Ziegelmauer zu rennen. Einem Mauergesicht fällt es schwer, »es tut mir leid« zu sagen.

Mauergesichtige Frauen unterliegen der Versuchung, fortzulaufen und Abenteuer und Spaß mit anderen Männern zu suchen, falls sie mit ihren Partnern unzufrieden sind oder glauben, jemand Neues könne ihnen mehr bieten.

Unregelmäßiges Gesicht

用

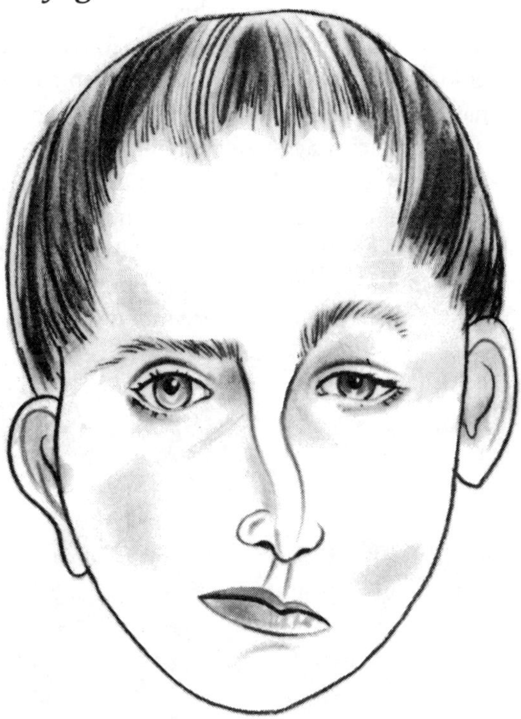

Unregelmäßiges Gesicht: Wenige Menschen haben ein derart unregelmäßiges Gesicht, doch viele von uns besitzen einige Züge davon

Nur wenige Menschen haben ein ganz und gar unregelmäßiges Gesicht, und das ist ein Glück, denn mit ihm verbinden sich nur wenige vorteilhafte Eigenschaften.

Das Siang-Mien-Symbol für ein unregelmäßiges Gesicht ist das chinesische Schriftzeichen für »Benutzung«; es wurde nicht nur deshalb gewählt, weil es einem schiefen Gesicht ähnelt, sondern auch, weil sich mit dem Begriff »Benutzung« ein Verhalten umschreiben läßt, das sich auf andere stützt und von deren Kraft und Ideen zehrt.

Die Asymmetrie dieses Gesichts kann sich auf verschiedene Weise äußern: Die eine Gesichtshälfte kann größer, länger oder breiter sein als die andere. Das Gesicht kann entstellt sein und eine schiefe Nase oder einen schiefen Mund haben. Eine krumme Nase ist ein zusätzliches Anzeichen für emotionale Schwäche.

Wer sich näher mit Siang Mien beschäftigt hat, weiß, daß man sich großen Ärger einhandelt, wenn man jemandem mit einem ausnehmend unregelmäßigen Gesicht zu nahe tritt, da ein solcher Mensch in der Lage ist, fürchterlich Rache zu nehmen.

Es besteht kein Zweifel, daß das unregelmäßige Gesicht ein Zeichen für Mittelmäßigkeit ist, und viele von uns haben einige Züge dieses Gesichts. Die Erkenntnis der eigenen Grenzen und Probleme ist der beste Weg, um einige der dem unregelmäßigen Gesicht zugeschriebenen Unzulänglichkeiten zu überwinden.

KAPITEL IV

DIE DREI ALTERSABSCHNITTE

Wie wir sahen, unterscheidet Siang Mien elf grundlegende Gesichtsformen. Doch das ist erst der Anfang: Sodann unterteilt Siang Mien das Gesicht in drei Abschnitte.

1. Der Stirnabschnitt (zwischen Haaransatz und dem höchsten Punkt der Augenbrauen) verkörpert die Jahre zwischen fünfzehn und dreißig.

2. Der Abschnitt zwischen Augenbrauen und Nasenspitze verkörpert die mittleren Lebensjahre.

3. Der Abschnitt zwischen Nasenspitze und Kinn verkörpert das Alter.

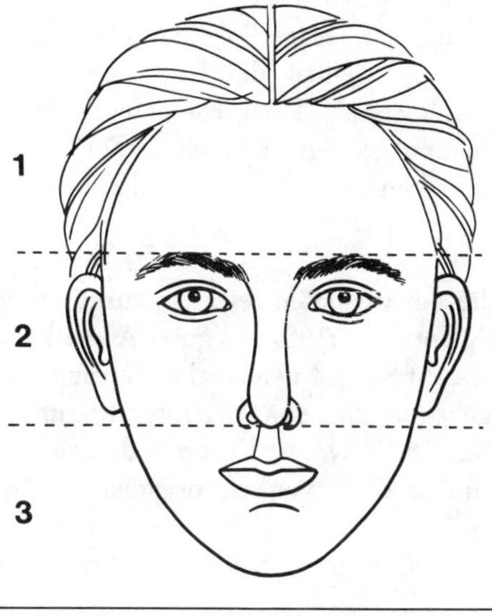

1. Der Stirnabschnitt

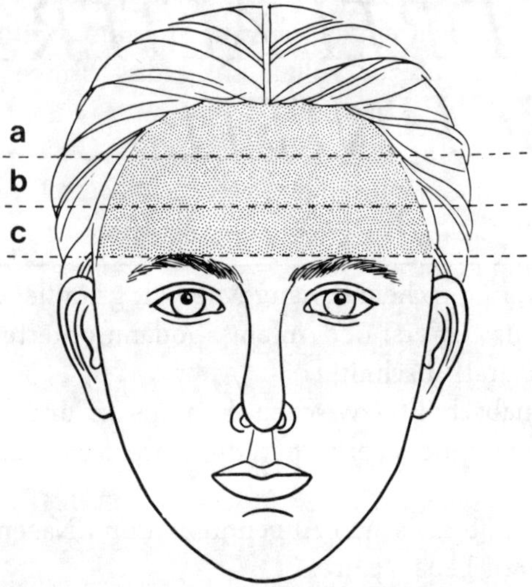

Die Stirn verkörpert »Jugend«, das heißt das Alter zwischen fünfzehn und dreißig Jahre, das laut Siang Mien den Grad der Intelligenz und Lernfähigkeit eines Menschen festlegt.

Mit der Feststellung, daß »klares Wissen höher einzustufen ist als profundes Wissen«, unterteilten die Begründer der Siang-Mien-Lehre die Stirn in drei Zonen, deren jede einen anderen Aspekt von Intelligenz, Wissen und geistiger Regheit verkörpert.

a) die Fähigkeit zu logischem Denken und Folgern

b) Gedächtnis

c) Intuition

Um mit allen diesen Attributen reichlich ausgestattet zu sein, bedarf es einer wohlgeformten Stirn und guter Augenbrauen. Unter *guten Augenbrauen* versteht Siang Mien solche, die ziemlich lang, gleichmäßig geformt, gebogen und spitz zulaufend sind. (Mehr zu den Augenbrauen in Kapitel VI, wo die Kriterien dargelegt sind, nach denen sich beurteilen läßt, ob jemand ein organisierter Denker ist oder nicht.)

Eine wohlgeformte Stirn ist *glatt, gewölbt und zugleich breit und hoch,* das heißt sowohl von Schläfe zu Schläfe als auch zwischen Haaransatz und Augenbrauen weit. Eine solche Stirn ist ein Zeichen für Klugheit, klares Denken und die Fähigkeit, entschlossen und richtig zu handeln. Doch nicht einmal jemand mit einer optimal geformten Stirn kann sein Talent zur vollen Entfaltung bringen, wenn seine Schädeldecke flach statt gewölbt ist oder wenn seine Augenbrauen mißgestaltet sind.

Wer Siang Mien ausübt, erkennt rasch, daß es sehr verschiedenartige Stirnen gibt.

Eine ungünstig geformte Stirn ist *uneben, flach, sehr schmal oder spitz.* Eine *schmale oder niedrige* Stirn verrät einen wirren Verstand und nachlässiges Denken. Hinter einer *extrem schmalen und niedrigen* Stirn verbirgt sich Passivität; der Betreffende ist zittrig.

Ein *hoch liegender Haaransatz* ist ein weiterer Hinweis auf Intelligenz, und wenn er mit einer breiten Stirn einhergeht, darf man einen sehr hohen Intelligenzquotienten (IQ) erwarten. Selbst eine schmale, spitz zulaufende oder niedrige Stirn birgt zusätzliches Denkvermögen, wenn der Haaransatz weit zurückliegt. Wie die Englisch spre-

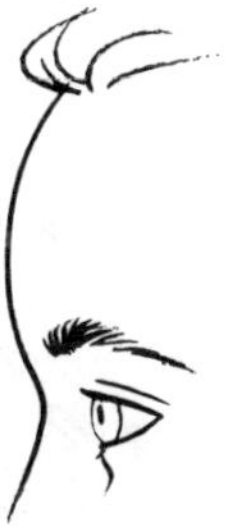

Glatte, gerundete Stirn

chenden Völker nennen auch die Chinesen Menschen mit einer voluminösen Stirn »Eierköpfe« und erwarten von ihnen den Beweis außerordentlicher Intelligenz.

Ein *sehr tief liegender Haaransatz,* der weit in die Stirn hineinreicht, deutet auf Probleme mit Eltern oder Sorgeberechtigten hin, die sich, selbst wenn sie helfen könnten, weder in moralischer noch in finanzieller Hinsicht als sonderlich hilfsbereit erweisen.

Was die »Gedächtnis«-Zone anbelangt, so haben die Siang-Mien-Begründer herausgefunden, daß diejenigen, bei denen dieser Stirn-

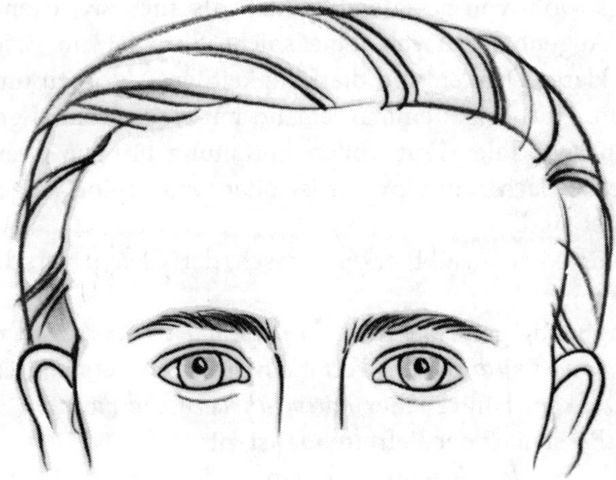

Breite Stirn

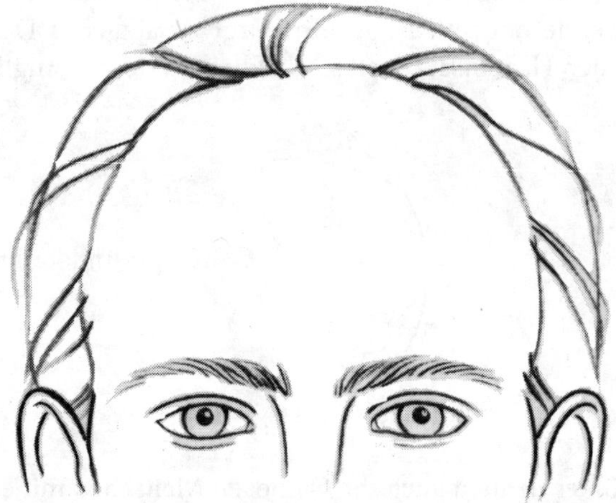

Hohe Stirn

teil *ebenmäßig gewölbt und gerundet* ist, über das größte Erinnerungsvermögen und das zuverlässigste Gedächtnis verfügen.

Diejenigen, deren »Gedächtnis«-Zone *vorgewölbt* ist (eher im Profil als von vorn erkennbar), neigen dazu, leicht erregbar, impulsiv und ehrgeizig zu sein.

Ist die »Gedächtnis«-Zone *besonders flach oder nach innen gewölbt,* so

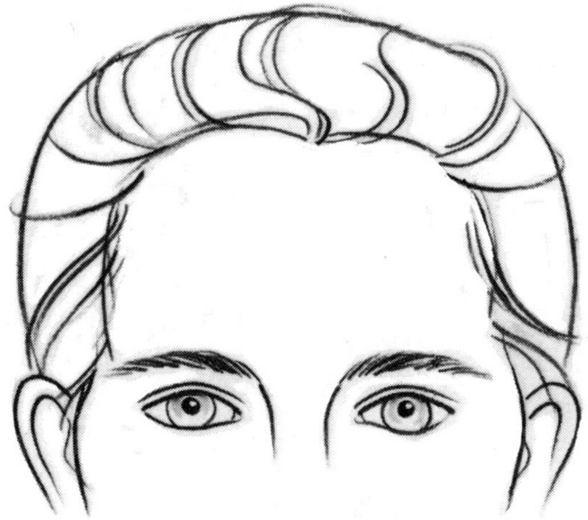

Schmale Stirn

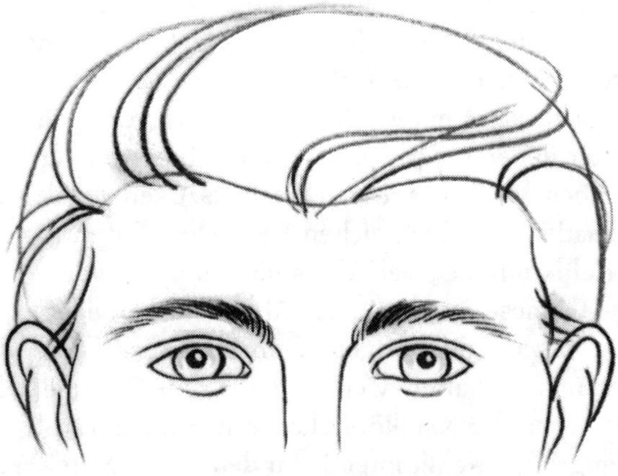

Niedrige Stirn

ist davon abzuraten, ein Geschäft zu führen oder andere einzustellen, gemäß der von Siang Mien geteilten chinesischen Volksweisheit: »Wer kein freundliches Gesicht hat, sollte keinen Laden eröffnen.«

Die dritte Stirnzone lenkt die »Intuition«. Siang Mien besagt, daß jene unter uns intuitiv sind, deren *Augenbrauen über einer vorgewölbten Knochenstruktur wachsen.*

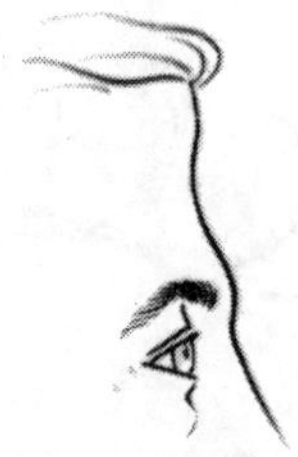

Nach innen gewölbte Stirn

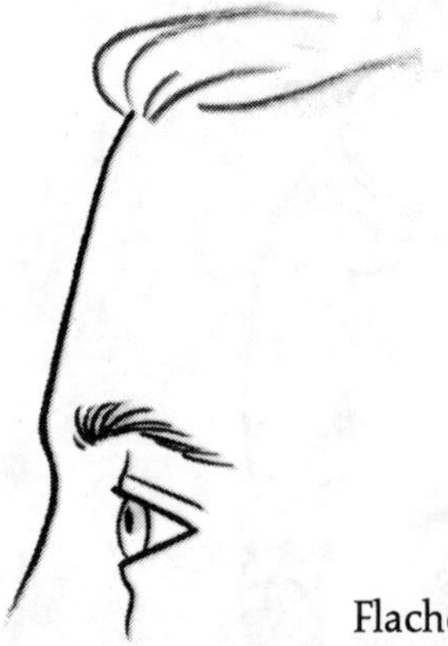

Flache Stirn

Kahlköpfigkeit und weißes Haar

Weniger bedeutend als die drei Stirnzonen, gleichwohl für Siang-Mien-Praktiker faszinierend sind *Kahlköpfigkeit* und *weißes Haar.*

Es sollte weder als schändlich noch als beschämend angesehen werden, wenn sich das Haar eines jungen Menschen weiß färbt. Siang Mien sieht darin ein Merkmal für überlegene geistige Qualitäten, und unter der Voraussetzung, daß die Betreffenden einen guten Charakter haben, was aus anderen Gesichtszügen abzulesen ist, kann es nichts schaden, sich bei solchen Menschen Rat zu holen.

Mit der Kahlköpfigkeit verhält es sich anders, wobei Siang Mien einem unter Chinesen verbreiteten Aberglauben widerspricht, demzufolge »von zehn Kahlköpfigen neun falsch sind und der zehnte dumm«. Tatsächlich hatten viele große Chinesen eine Glatze, und Siang Mien verbindet Kahlköpfigkeit mit Sinnlichkeit.

Unter den großen Kahlköpfen befanden sich die drei Weisen Konfuzius, Lao-tse und Menzius sowie einige der »Acht Unsterblichen«, die sich ihre Unsterblichkeit durch das Studium der Geheimnisse der Natur erwarben. Der Gott der Langlebigkeit ebenso wie Buddha waren nahezu kahl, und beide erfreuten sich bei den Chinesen, Siang Mien-Anhänger eingeschlossen, großer Beliebtheit.

Zur Zeit der Ming-Dynastie äußerten sich einige Siang-Mien-Meister zur Kahlköpfigkeit und empfahlen, jedes noch verbliebene Haar so gut wie möglich zu pflegen. Schütteres Haar solle behandelt wer-

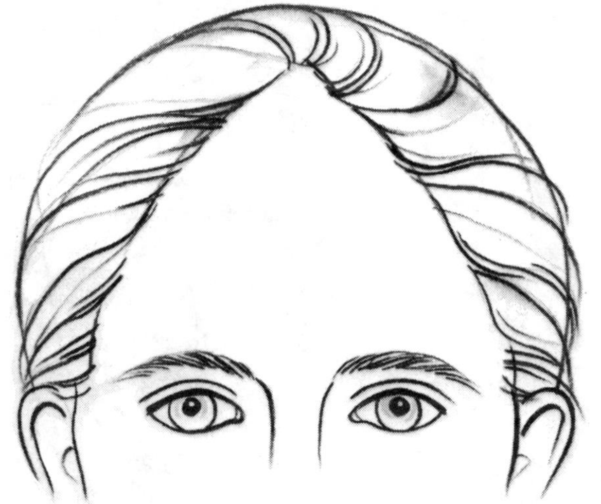

Spitze Stirn

den, so betonten sie, andernfalls würden magere Zeiten anbrechen und die Oberhand gewinnen.

Die Stirn ist ein sehr bedeutender Teil des Gesichts; zusätzliche Bedeutung mißt Siang Mien den Antriebspunkten und der Karriereregion bei, die beide zur Stirn gehören. (Sie werden in Kapitel V näher beschrieben.)

2. *Der Abschnitt zwischen Augenbrauen und Nasenspitze*

Die wichtigsten Faktoren, die zu einem zufriedenstellend verlaufenden mittleren Lebensabschnitt – zwischen dem 30. und 50. Lebensjahr – beitragen, sind ein *wohlgeformtes Augenpaar und eine gute Nase.* Kapitel über Augen und Nase werden noch folgen, in denen dargelegt ist, wie Siang Mien die verschiedenen Typen dieser beiden Organe beschreibt und einstuft. Unterdessen läßt sich durch einen Blick auf den mittleren Gesichtsabschnitt (Augenbrauen bis Nasenspitze) sagen, ob ein Mensch gut mit Geld umzugehen vermag oder nicht und wie gut oder schlecht es ihm gelingt, seine Gefühle zu beherrschen.

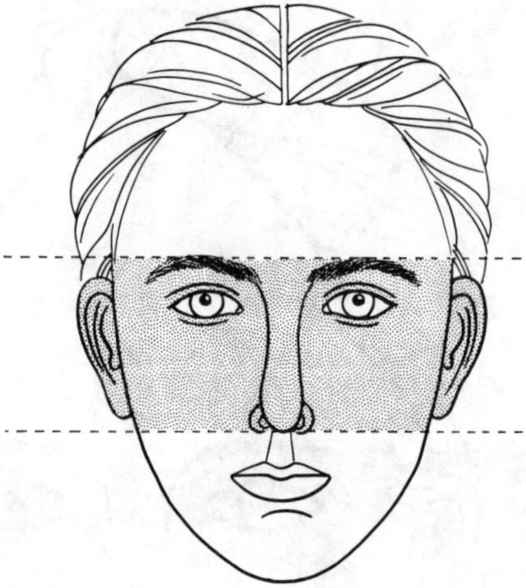

Am erfolgreichsten sind jene, bei denen zusätzlich zu einer guten Nase und guten Augen der *mittlere Gesichtsabschnitt von den Augenbrauen bis zur Nasenspitze länger ist als die Stirn.* Sie sind ausdauernd und imstande, Hindernisse und Mißgeschicke zu überwinden. Für sie gibt es kein Ausruhen auf den eigenen Lorbeeren.

Ein mittlerer Gesichtsabschnitt, der *kürzer als die Stirn* ist, läßt laut Siang Mien auf Unentschlossenheit und, schlimmstenfalls, Defätismus schließen.

Erfahrene Siang-Mien-Beobachter sagen, daß ein Mensch, dessen mittlerer Gesichtsabschnitt aufgrund seiner *vorstehenden* Struktur als erstes ins Auge springt, zwei Gesichter hat: Eben noch introvertiert, kann er sich bei nächster Gelegenheit als aggressiv erweisen.

3. *Der Abschnitt zwischen Nasenspitze und Kinn*

Dieser Abschnitt zeigt, ob das Alter eines Menschen gut oder schlecht verläuft.

Die frühesten Meister und Schüler der Siang-Mien-Lehre wählten das 50. Lebensjahr als den Beginn des Alters. Viele werden damit nicht einverstanden sein, ja sich durch eine solche Festlegung sogar beleidigt fühlen. Für Chinesen hingegen ist sie leicht verständlich:

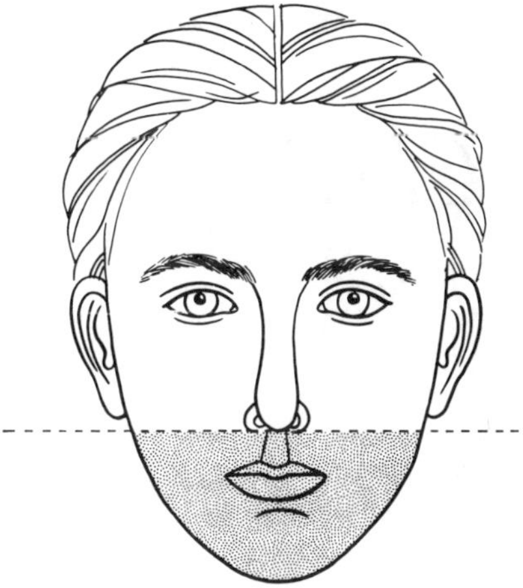

Ihnen gilt das Alter als ein erfreulicher Lebensabschnitt; kleine Kinder lernen, älteren Menschen respektvoll zu begegnen, ja sogar, jede neue Runzel im Gesicht der Großmutter oder des Großvaters mit einem Kuß zu begrüßen.

Da die meisten Chinesen von früh an zu hören bekommen, daß »eine Familie, der ein alter Mensch angehört, einen Juwel besitzt«, kann es nicht überraschen, daß sie sich darauf freuen, in die Reihen der älteren Mitbürger einzutreten.

Es gibt einen chinesischen Gott der Langlebigkeit: Schou-lao, dessen Merkmal ein großer, kahler Kopf ist und der einen Pfirsich in der Hand hält, ein Symbol für langes Leben. Als einer der drei Götter des Glücks ist er es, der für jeden Menschen bei seiner Geburt das Todesdatum festlegt. Für ihn ist das Alter von fünfzig der Beginn eines neuen magischen Zeitabschnitts.

Wer statt einer spitzen oder fliehenden eine *eckige oder runde Kiefer- und Kinnpartie* hat, darf vom 50. Lebensjahr an bis zu seinem Tod eine erfüllende Zeit erwarten. Dazu bedarf es allerdings außerdem, daß der untere, von der Nasenspitze bis zum Kinn reichende Gesichtsabschnitt *ebenso lang oder länger ist als die Stirn.*

Siang Mien lehrt zudem, daß derjenige mit einer *längeren Stirn* eher introvertiert, derjenige mit einem *längeren unteren Gesichtsabschnitt* (von der Nasenspitze bis zum Kinn) eher extrovertiert ist. Ist der Abstand zwischen Kinn und Halsansatz sehr kurz, so ist das ein Zeichen für einen reizbaren Menschen.

KAPITEL V

DIE ACHT REGIONEN

Neben den drei Altersabschnitten unterteilt Siang Mien das Gesicht in acht Regionen: Die Zahl Acht wird von den Siang-Mien-Praktikern (und auch von den Taoisten) als eine glückbringende Zahl angesehen.

Die acht Regionen sind:

1. Lebensregion
2. Antriebspunkte
3. Karriereregion
4. Wohlstandsregion
5. Freundschaftsregion
6. Elternregion
7. Gesundheits- und Kraftregion
8. Liebesregion

1. Lebensregion

Die Lebensregion liegt zwischen den Augenbrauen. Als bedeutendste Region des Gesichts ist sie für unsere Geschicke bestimmend. *Ergraut sie plötzlich,* so ist unser Leben in Gefahr.

Die meisten Chinesen sprechen ohne jede Furcht über die Frage von Leben und Tod; sie kennen nicht jene Hemmungen, aus denen heraus der Tod für viele Menschen ein Tabu ist. »Die Dinge der Welt«, so sagen sie, »sind nichts als ein Frühlingstraum. Betrachte den Tod als eine Rückkehr nach Hause.«

Die Siang-Mien-Meister glauben, daß ein gutes Leben durch Stabi-

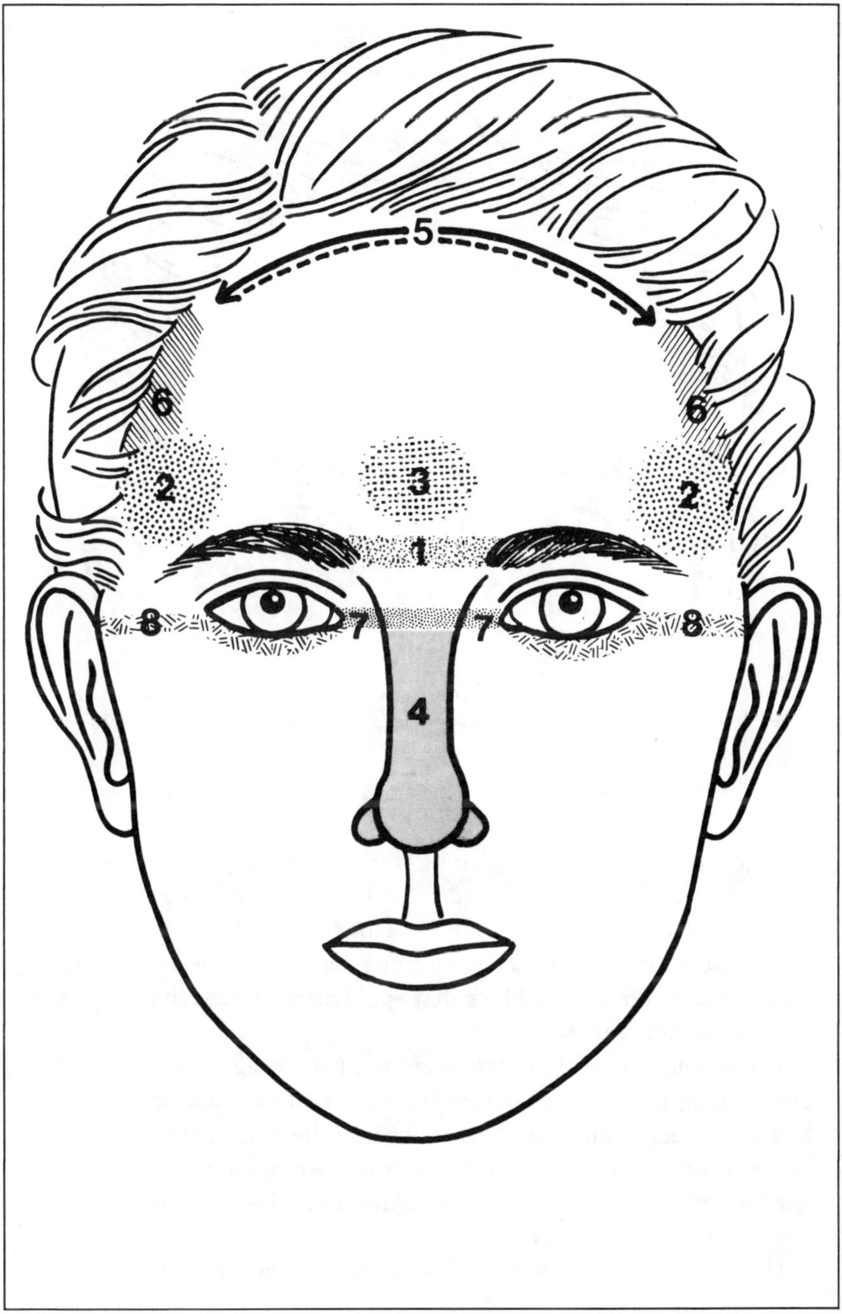
5
6
6
2
3
2
1
8
7
7
8
4

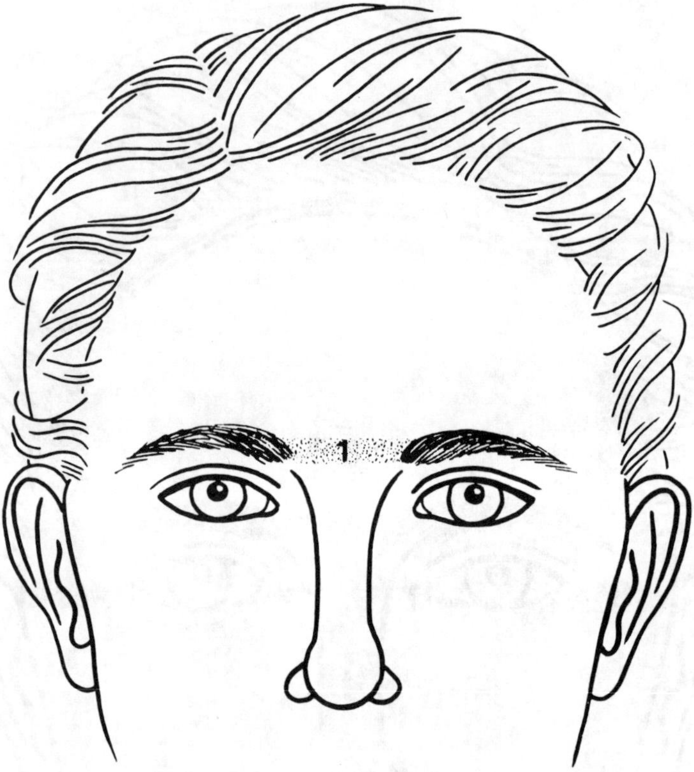

lität gekennzeichnet ist und ruhig voranschreitet, ohne hinsichtlich der Gesundheit, des Glücks oder irgendeines anderen Aspekts des persönlichen Befindens allzu viele Höhen und Tiefen zu kennen. Das heißt nicht, daß das Leben eintönig sein muß. Konfuzius nannte diesen steten Pfad des Glücks den »goldenen Mittelweg« und empfahl jedem, ihn anzustreben.

Die besten Aussichten, den goldenen Mittelweg zu erreichen, haben diejenigen, deren Lebensregion *weit, glatt und eben* ist. Sie sollte anderthalb bis zwei Finger breit sein, im Falle eines breiten Gesichts etwas mehr. Je weiter die Lebensregion, desto toleranter, nachsichtiger und großzügiger ihr Besitzer. Glätte und Ebenheit tragen außerdem zum Wohlstand bei.

Umgekehrt neigen Menschen mit einer engen, unebenen Lebensregion dazu, nachtragend und alles andere als großzügig zu sein.

Eine *ungünstige,* das heißt unebene, platte, schmale oder spitz zulaufende Stirn läßt auf eine schwere Kindheit schließen, doch die daraus resultierenden Folgen werden bei jenen abgemildert, die sich einer guten, das heißt glatten, ebenen und weiten Lebensregion erfreuen.

Eine *enge, abrupt zur Nase hin abfallende* Lebensregion deutet auf einen steinigen Lebensweg mit viel Auf und Ab hin und macht einen nennenswerten Vermögenserwerb unwahrscheinlich.

Zusammen gesehen, offenbaren Augenbrauen und Lebensregion laut Siang Mien folgendes:

Abrupt zur Nase hin abfallende Lebensregion und vorstehende Zone über den Augenbrauen

I) Eine *abrupt zur Nase hin abfallende* Lebensregion *in Verbindung mit einer vorstehenden Zone unmittelbar über den Augenbrauen* signalisiert, daß mit dem 25. Geburtstag eine Periode harter Arbeit beginnt, die wiederum die Aussicht auf einen nachfolgenden ruhigeren Lebensabschnitt eröffnen kann.

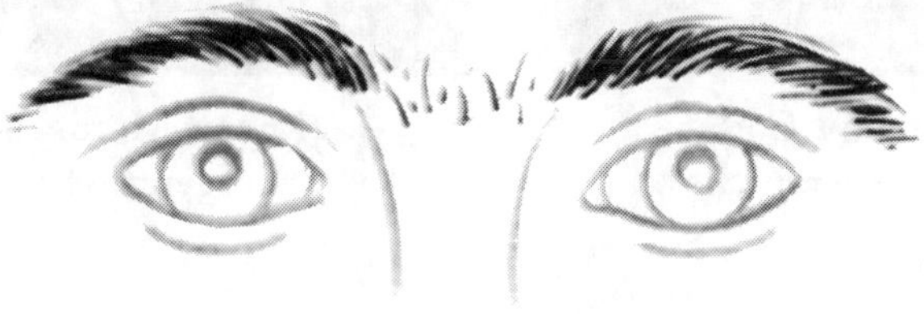

Behaarung zwischen den Augenbrauen

II) Eine *Behaarung* dieser Region (gelegentlich, aber nicht notwendigerweise als Fortsetzung der Augenbrauen) weist auf kleinliche und nachtragende Menschen hin, denen man am besten nicht zu nahe tritt.

III) Die *Sorgenfurche,* eine Falte oder eine Reihe von Falten oder Furchen, die zwischen den Augenbrauen senkrecht durch die Lebensregion führen, zeigt eines oder mehrere der folgenden Schicksale an: harte Arbeit; geringe elterliche Unterstützung oder Ermutigung beim beruflichen Werdegang; frühes Verlassen des Elternhauses oder Verlassen der Heimat, um ins Ausland zu gehen.

Jimmy Carter
Sorgenfurche

Rupert Murdoch
Sorgenfurche

2. *Antriebspunkte*

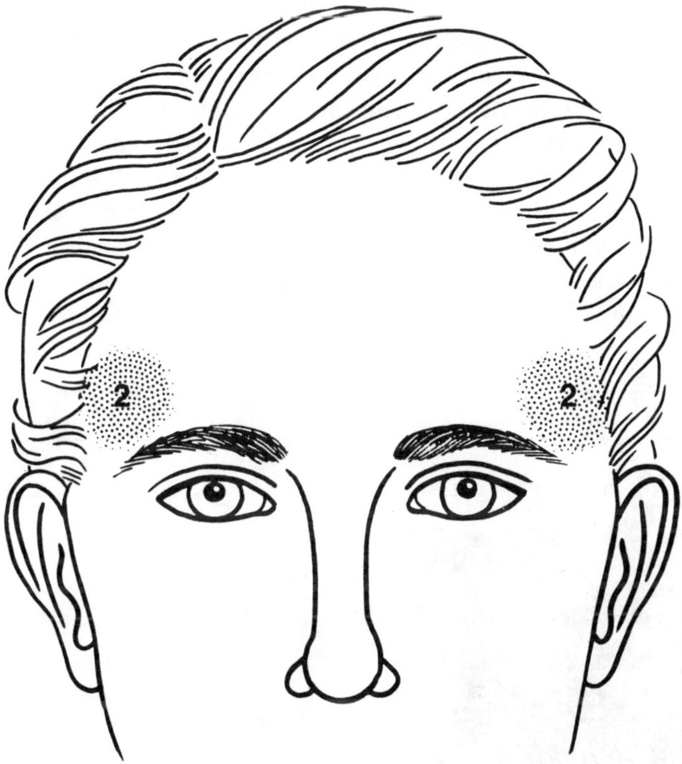

Die beiden Antriebspunkte geben darüber Auskunft, ob ein Mensch ein leichtes oder schweres Leben hat.

Gute Antriebspunkte sind *voll, gerundet und unbehaart.* Weniger günstig sind solche, die *fliehend, behaart oder beides* sind. Eine Behaarung dieser Punkte zeigt an, daß die betreffende Person ihr Leben lang relativ hart arbeiten muß und dabei, mitunter unnötigerweise, beträchtliche Kraft verbraucht. Für diese sture Entschlossenheit, sich selbst zur Erfüllung einer Aufgabe anzutreiben, haben die Chinesen eine Spruchweisheit: »Wenn du eine Eisenstange lange genug feilst, so kannst du eine Nadel daraus machen.«

Siang Mien rät, bei der Prüfung der Stirn eines Menschen die Antriebspunkte sorgfältig zu beachten. Viele mögen eines oder mehrere jener Merkmale besitzen, die eine gute Stirn ausmachen – breit, hoch, gewölbt, glatt –, zugleich aber ungünstige Antriebspunkte haben. Sie mögen glücklich erscheinen, doch ihre unvollkommenen Antriebspunkte signalisieren zahlreiche ungelöste Probleme, von denen einige bis in die Kindheit zurückreichen. In China beschreibt man solche Menschen als »nach außen lachend und nach innen weinend«.

Auf einer *schmalen Stirn* liegen Antriebspunkte und Elternregion (die 6. der in diesem Kapitel beschriebenen Regionen) nahe beieinander. Das ist laut Siang Mien ein Zeichen für emotionale Wechselbäder, die in einigen Fällen zu Perioden emotionaler Haltlosigkeit führen.

3. Karriereregion

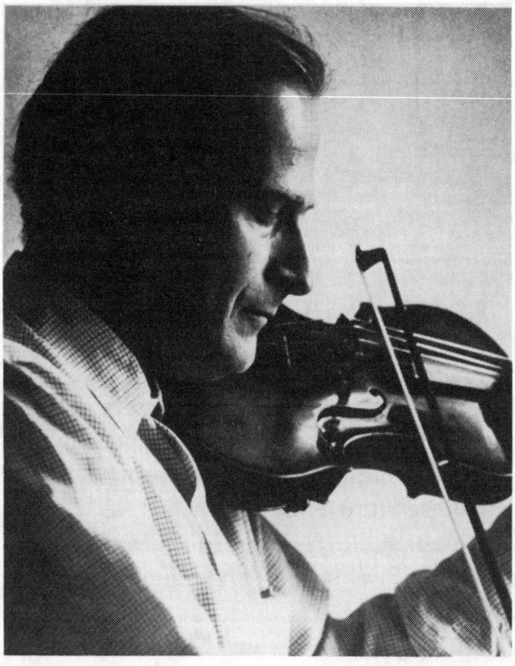

Yehudi Menuhin
gute Karriereregion

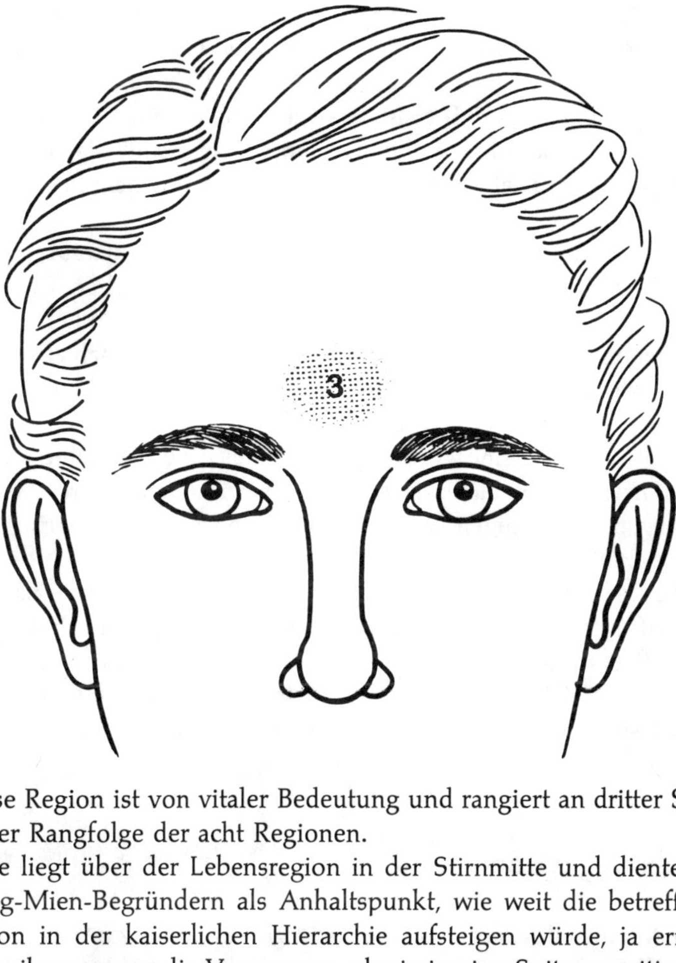

Diese Region ist von vitaler Bedeutung und rangiert an dritter Stelle in der Rangfolge der acht Regionen.

Sie liegt über der Lebensregion in der Stirnmitte und diente den Siang-Mien-Begründern als Anhaltspunkt, wie weit die betreffende Person in der kaiserlichen Hierarchie aufsteigen würde, ja ermöglichte ihnen sogar die Voraussage, ob sie in eine Spitzenposition am kaiserlichen Hof gelangen werde. Heute bedienen sich Siang-Mien-Praktiker dieser Region allgemein, um Hinweise auf die berufliche Karriere zu erhalten.

Eine gute Karriereregion hat eine *glatte und gerundete Knochenstruktur.* Sie weist nicht nur auf einen erfolgreichen Werdegang hin, sondern zeigt zugleich, daß ein derart ausgestatteter Mensch auf die Unterstützung von Vorgesetzten und Untergebenen ebenso wie Außenstehenden rechnen kann.

Auf Menschen mit einer *nach innen gewölbten, knochigen oder unebenen* Karriereregion ist den Siang-Mien-Begründern zufolge kein Verlaß. Während das heutzutage als ein zu strenges Urteil gelten mag, läßt sich hingegen sagen, daß viele derer, die eine ungünstige Karriereregion haben, zwar nicht unbedingt unredlicher sind als irgend jemand sonst, dafür aber ihrerseits gelernt haben, gegenüber anderen wachsam zu sein.

Wer eine unvollkommene Karriereregion hat, ist darauf erpicht, aus jeder sich bietenden Gelegenheit das beste zu machen, und viele halten es mit dem chinesischen Sprichwort, wonach »ein Lernen, das nicht jeden Tag Fortschritte macht, mit jedem Tag nachläßt«. Falls sich überhaupt Erfolge verbuchen lassen, dann aller Wahrscheinlichkeit nach nicht vor dem 30. Lebensjahr.

Siang Mien hält eine Warnung bereit: Bei vielen, die eine ungünstige Karriereregion haben, besteht eine beträchtliche Kluft zwischen Wollen und Vollbringen; wer diese Warnung beherzigt, erspart sich spätere Enttäuschungen.

Eine *besonders eingewölbte oder flache* Karriereregion kann als Hinweis dafür gewertet werden, daß man nicht auf eigene Rechnung ein Geschäft betreiben oder Leute einstellen sollte, da die Aussichten, mehr als fünf Jahre zu überstehen, gering sind. Dann aber könnte es zu spät sein, selbst eine gute Anstellung zu finden.

Karriereregion und Kinn

Siang Mien stellt allerdings eine wichtige Verbindung zwischen Karriereregion und Kinn her, die als zusätzlicher Indikator für Geschäftstüchtigkeit gelten kann. Ein *gutes Kinn,* das voll, glatt und gerundet ist, kann die Nachteile einer eingewölbten oder flachen Karriereregion aufwiegen, weshalb für jemanden mit einem solchen Kinn kein Anlaß besteht, auf die Übernahme einer Geschäftspartnerschaft zu verzichten.

Auch bei der Wahl eines Geschäftspartners empfiehlt es sich, auf die Form des Kinns zu achten; ein gutes Kinn signalisiert, daß sein Besitzer ein nützlicher Teilhaber sein wird.

Ein *kräftiges, kantiges Kinn* ist gleichfalls imstande, die mit einer ungünstigen Karriereregion einhergehenden Schwächen aufzuwiegen, doch sowohl beim kantigen als auch beim runden Kinn wird wiederum der ihnen zugeschriebene Geschäftssinn abgeschwächt, wenn sich unmittelbar unter den beiden Mundwinkeln kleine Grübchen befinden.

Im Laufe der Jahrhunderte haben die Siang-Mien-Meister festgestellt, daß sich Menschen mit einer günstigen Karriereregion leisten können, geschäftliche Fehler zu begehen. Sie sind in der Lage, sich von Verlusten zu erholen.

4. Wohlstandsregion

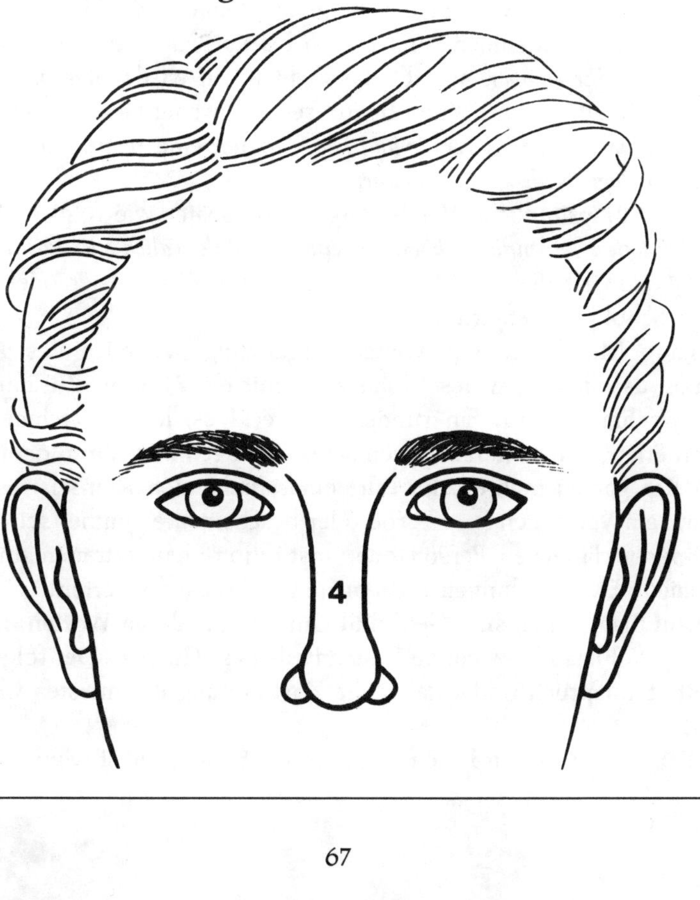

Das einzige Gesichts*organ,* das eine der acht Regionen bildet, ist die Nase. Alle anderen Regionen bestehen aus Gesichts*zonen.* Die Nase bestimmt über den Wohlstand, so daß die Redensart zutrifft, einige Menschen hätten eine Nase fürs Geld.

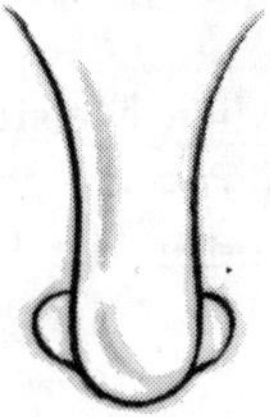

Eine gute Nase,
um Geld zu machen

Die Siang-Mien-Meister haben bezüglich der Nase eine anschauliche Theorie entwickelt: Hat sie einen *breiten Ansatz,* so kann, wie bei einer Sparbüchse, viel Geld hineinfallen. Eine *große* Nase vermag mehr Geld aufzunehmen, sind jedoch bei voll zugewandtem Gesicht die *Nasenlöcher sichtbar,* so fällt das Geld unten wieder heraus. *Kleine* Nasen können gleich kleinen Spardosen nur wenig Geld aufnehmen.

Die ideale Nase ist *gerade und höckerlos,* hat eine *runde, pralle Spitze* und *fleischige, verdeckte Nasenlöcher.*

Diese ursprüngliche Vorstellung wurde später wie folgt ergänzt: Ist der *untere Nasenrücken höckrig oder durch Male, Falten oder Pusteln verunstaltet,* so ist der Geldfluß durch unfähige Zahlmeister oder säumige Schuldner gefährdet.

Siang Mien fügt eine weitere Ergänzung bezüglich des *Kinns* hinzu, das in Fragen des Wohlstands mit der Nase in Zusammenhang gebracht wird. Ein rundes oder eckiges, leicht vorstehendes Kinn erlaubt, in späteren Jahren sein Vermögen zu wahren oder womöglich gar zu mehren. Im Falle eines fliehenden Kinns ist es ratsam, sein Vermögen – wie groß oder bescheiden es immer sein mag – einer verläßlichen Person oder Institution anzuvertrauen und finanzielle Entscheidungen nicht auf eigene Faust zu treffen.

Laut Siang Mien sind Geld und Gut – mit anderen Worten: materieller Wohlstand – wichtige Bestandteile des »Glücks«. Der folgende uralte Sinnspruch findet daher die Zustimmung der meisten Chinesen:

Bist du arm, so wird niemand nach dir fragen, selbst wenn du am geschäftigsten Marktplatz wohnst. Bist du reich, so ist dir eine weitläufige Verwandtschaft sicher, selbst wenn du inmitten der Berge wohnst.

Wie in Kapitel VIII, das die verschiedenen Nasentypen vorstellt, zu sehen ist, geht die Bedeutung der Nase über ihre Eigenschaft, Wohlstandsregion zu sein, hinaus.

5. *Freundschaftsregion*

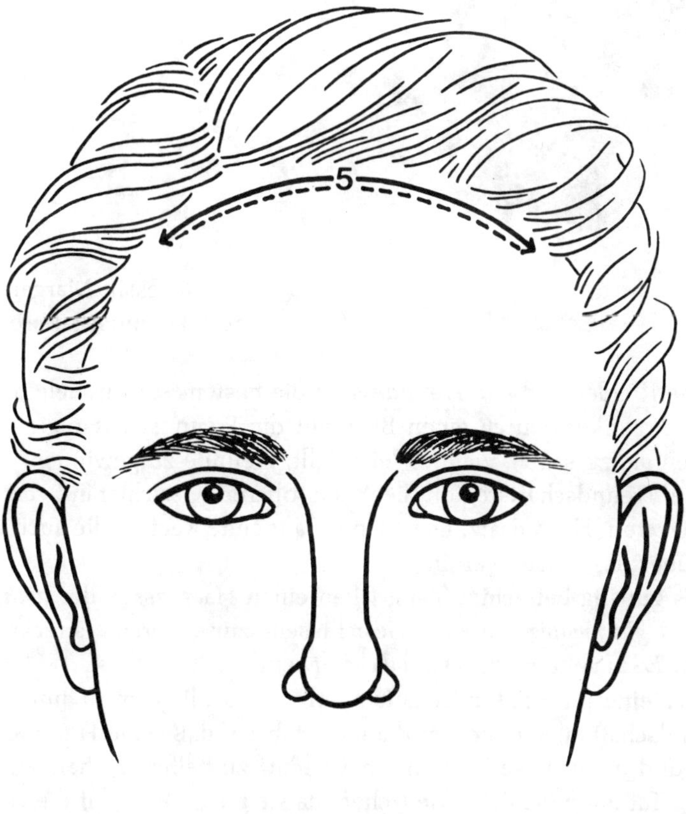

Freundschaftsregion

Prinzessin Margaret
gute Freundschaftsregion

»Neue Kleider und alte Freunde sind die besten«, sagen viele Siang-Mien-Praktiker. Durch einen Blick auf die Freundschaftsregion vermögen sie zu sagen, wem es leichtfällt, Freunde zu gewinnen.

Die Freundschaftsregion liegt am oberen Gesichtsrand, an der Grenze zum Haaransatz. Es ist eine spannende Region, die auch einiges über das Reisen verrät.

Als günstig betrachtet Siang Mien einen Haaransatz, der *hoch sitzt und sich gleichmäßig* von einer Gesichtsseite zur anderen erstreckt. Die *beiden Ecken* sollten *weit und unbehaart* sein.

Wer eine gute Freundschaftsregion hat, schließt nicht nur leicht Freundschaften, sondern wird auch erfahren, daß seine Freunde willens und in der Lage sind, ihm bei Bedarf zu helfen. Es handelt sich in der Tat um glückliche Menschen, da sie gleichzeitig auf die Unterstützung ihrer Familie bauen können.

Diejenigen hingegen, bei denen die *Eckpunkte* der Freundschaftsregion *behaart* sind, können sich nicht auf die Hilfe ihrer Freunde verlassen, die in den meisten Fällen nicht nur unfähiger, sondern auch bedürftiger als sie selbst sind.

Aufgrund ihrer Beobachtungen an ausländischen China-Besuchern und der Beobachtungen chinesischer Emissäre, die ins Ausland reisten, stellten einige Siang-Mien-Meister während der Ming-Dynastie fest, daß für diejenigen, die weit und häufig reisen, ein Haaransatz typisch ist, der in der Mitte V-förmig in die Stirn ragt und an beiden Seiten runde oder spitze Geheimratsecken bildet (bei Frauen nach altem Aberglauben frühe Witwenschaft bedeutend).

Sie fügten hinzu, daß viele dieser Menschen leicht Freundschaften schließen, für deren Erhalt jedoch bezahlen müssen. Diese Freundschaften sind zwar angenehm, aber nur selten von Dauer.

»Gold gibt es reichlich auf der Welt, doch weißhaarige Freunde sind selten«, lautet eine chinesische Redensart. »Hast du Tee und Wein, so hast du viele Freunde«, heißt eine andere, der diejenigen, deren Haaransatz V-förmig ist, eher zustimmen werden.

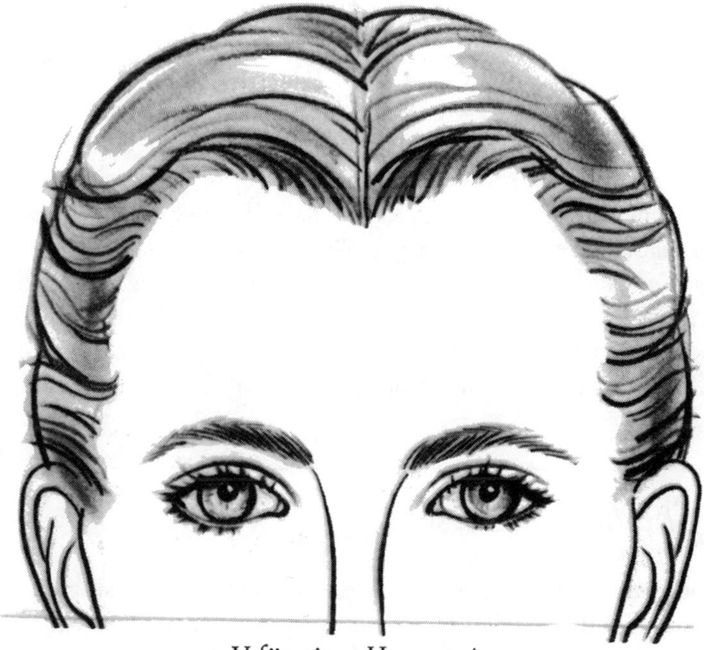

V-förmiger Haaransatz

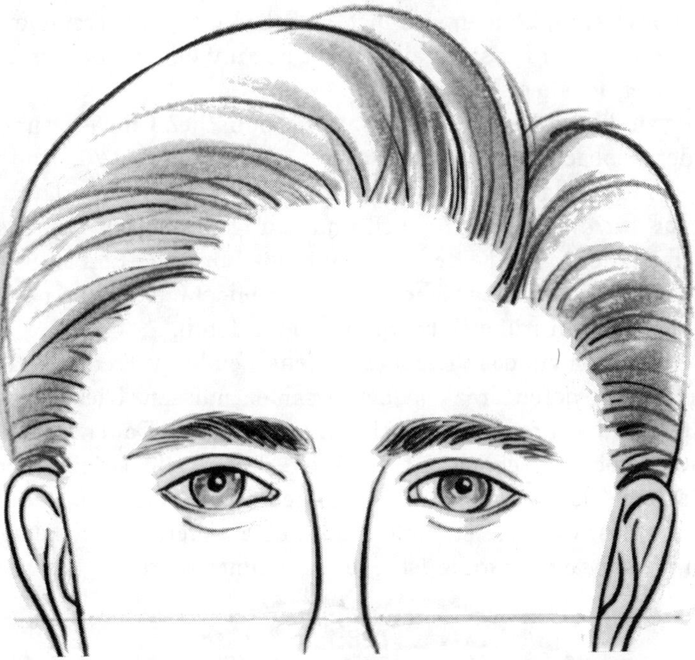

Tiefer Haaransatz, schmale Stirn, behaarte Endpunkte der Freundschaftsregion

Wer einen *tiefen Haaransatz, eine schmale Stirn und behaarte Eckpunkte der Freundschaftsregion* hat, arbeitet härter als die meisten seiner Mitmenschen, kann aber kaum mit dem erhofften finanziellen Ertrag rechnen; das ist insbesondere vor dem 30. Lebensjahr der Fall. Diese Merkmale warnen zugleich vor der Wahrscheinlichkeit einer schlechten Gesundheit als Familienproblem.

6. *Elternregion*

Unmittelbar unter den Eckpunkten der Freundschaftsregion (der 5. Region) liegt die Elternregion. Ihre Bedeutung sollte nicht unterschätzt werden. Die Siang-Mien-Meister glaubten, ebenso wie der

Elternregion

Weise Konfuzius – und wie noch heute nahezu alle Chinesen –, daß Kinder ihre Eltern ehren sollten.

Die Siang-Mien-Begründer fanden heraus, daß diejenigen, deren Elternregion *wohl gerundet und gewölbt* ist, mehr Charakterzüge ihrer Eltern erben als diejenigen mit *fliehender* Elternregion.

Das ist für jene, die ihre Eltern für ausgesprochen unleidlich halten, vermutlich eine schlechte Nachricht. Doch es gibt, wie die alten Siang-Mien-Meister zu betonen pflegten, unendlich viele Möglichkeiten, seine eigenen Qualitäten zu verbessern, und niemand sollte die Schuld an seinem Unglück seinen Eltern zuschreiben.

Bezüglich des Respekts, den Kinder ihren Eltern zu erweisen haben, stellten die alten Meister eine Reihe von Verhaltensregeln auf, die in ihrer Mehrzahl die Menschen des 20. Jahrhunderts irritieren werden, von denen einige gleichwohl wert sind, in Betracht gezogen zu werden.

»Kratze dich nicht vor Vater und Mutter, Onkel und Tante, mag es auch noch so sehr jucken.«

Übertrieben? Spätere Siang-Mien-Lehrer wählten Formulierungen, die der heutigen Zeit eher entsprechen mögen.

Evita Perón
Elternregion fliehend

»Wünschst du dir gehorsame Kinder, so achte zuerst deine eigenen Eltern.«

Obgleich zahllose ehrwürdige Weise des alten China von der kindlichen Elternliebe und der ihr innewohnenden Weisheit sprachen, interessierten sich die Siang-Mien-Meister mehr dafür, inwieweit Eltern in der Lage sind, ihren Kindern materiellen und seelischen Beistand zu leisten.

Aufgrund ihrer Beobachtungen gelangten sie zu dem Schluß, daß diejenigen, die zwar eine *gute Elternregion* haben, *deren Antriebspunkte* (die 2. Region) *und Freundschaftsregion* (die 5. Region) *jedoch ungünstig sind,* leider nicht auf finanzielle Unterstützung hoffen dürfen.

Königin Elisabeth II. – drei gute Regionen: Elternregion, Freundschaftsregion, Antriebspunkte

Umgekehrt stellten sie fest, daß diejenigen, bei denen *alle drei Regionen ebenmäßig, glatt und gerundet* sind, es besser haben, weil ihre Eltern in der Lage sind, sie einflußreichen Personen vorzustellen.

Während die modernen Siang-Mien-Praktiker den Zusammenhängen zwischen Familieneinfluß, Wohlstand und den drei Stirnregionen heute nur noch bedingte Gültigkeit zuerkennen, bestätigen sie einen anderen Zusammenhang, den die Siang-Mien-Begründer zwischen besagten Regionen und der Intelligenz hergestellt haben: daß nämlich jene Glücklichen, die *drei ebenmäßige und wohl gerundete Stirnregionen* besitzen, von ihrer Familie eine hohe Intelligenz geerbt haben.

Somit erkannten bereits die frühesten Siang-Mien-Praktiker, ohne sich dessen bewußt zu sein, durch das Beobachten von Gesichtern genetische Einflüsse, lange bevor die Genetik in den Rang einer Wissenschaft gehoben wurde.

Wie bei der Freundschaftsregion beschäftigten sich die frühen Siang-Mien-Meister auch mit der *Behaarung* der Elternregion, worin sie ein Zeichen dafür sahen, daß ein Elternteil der betreffenden Person ein Verhältnis hat oder sich wiederzuverheiraten gedenkt.

Das gleiche eheliche und sexuelle Verhalten eines Elternteils hielten sie auch bei denen für gegeben, deren *Stirn auf der einen Seite höher* als auf der anderen ist, sowie bei denen, deren Elternregion, Freundschaftsregion und Antriebspunkte auffällig *fliehend* sind.

7. Gesundheits- und Kraftregion

Diese Region liegt zwischen den Augen und umfaßt die Nasenwurzel. Sie befindet sich unmittelbar unter der Lebensregion (der 1. Region).

Ist diese Region *weit und flach,* so zeugt sie von einer guten Gesundheit. Ist sie hingegen *eng,* so verrät sie Gesundheitsprobleme, darunter zahlreiche kleinere Wehwehchen; in einigen Fällen besteht erhöhte Seuchenanfälligkeit, weshalb bei Reisen in Länder, in denen Seuchen endemisch sind, Vorsicht geboten ist.

Im 4. nachchristlichen Jahrhundert stellten chinesische Alchimisten, darunter einige Siang-Mien-Praktiker, eine Reihe von Regeln auf, die auch 1600 Jahre später noch einleuchtend klingen. Diese sich so einfach anhörenden Regeln entsprechen dem gesunden Menschenverstand, eine Einrichtung, die selbst die Klügsten unter uns

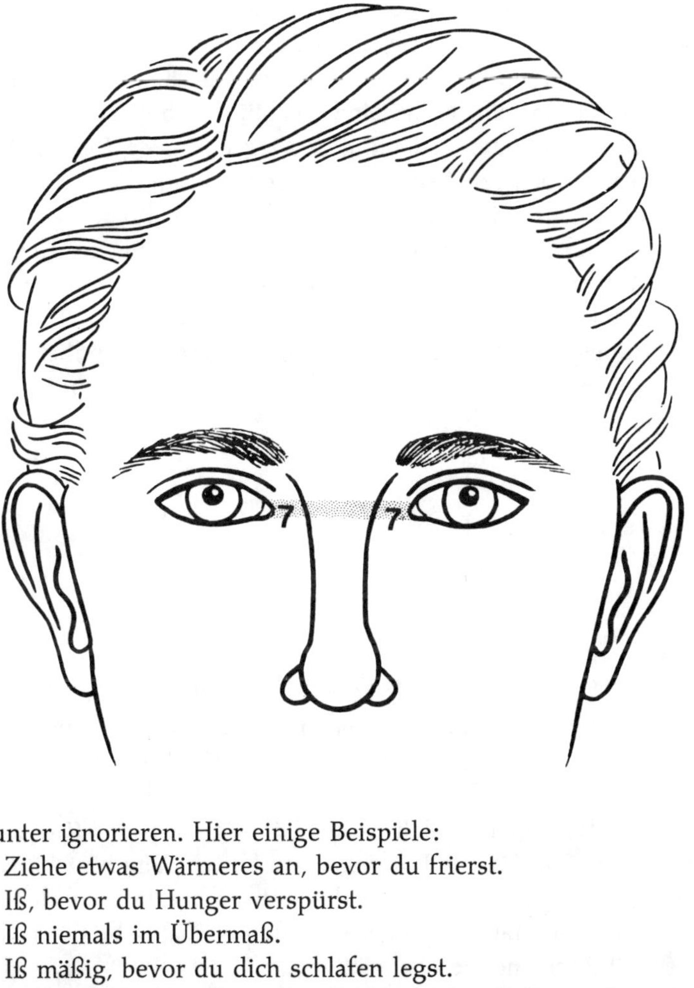

mitunter ignorieren. Hier einige Beispiele:

* Ziehe etwas Wärmeres an, bevor du frierst.
* Iß, bevor du Hunger verspürst.
* Iß niemals im Übermaß.
* Iß mäßig, bevor du dich schlafen legst.

Denen, die Probleme mit dem Frühaufstehen haben, gaben sie folgenden Rat:

* Dreimal morgens früh aufstehn, bedeutet einen Tag Gewinn.

Falten kommen in der Gesundheits- und Kraftregion recht häufig vor; sie haben eine Vielzahl von Ursachen und Bedeutungen.

Einige dieser Falten weisen auf vergangene Probleme, ja selbst Katastrophen hin, die sich in der Kindheit zugetragen haben. Andere warnen vor einem unerfreulichen Ereignis im Alter von etwa 41 Jahren, das allerdings nicht ernster zu sein braucht als eine kurze, relativ harmlose Krankheit, so ungelegen sie auch sein mag. Falten, die über diese Region verlaufen, können zudem ein Zeichen dafür sein, daß um das 40. Lebensjahr herum eine Operation geboten ist.

Eher von bleibender Bedeutung als irgendwelche Falten ist den frühen Siang-Mien-Praktikern zufolge eine *scharfe Einknickung* zwischen der Lebensregion (der zwischen den Augenbrauen gelegenen 1. Region) und der Gesundheits- und Kraftregion. Sie zeigt an, daß kleinere Gesundheitsprobleme auftreten können, die um so unangenehmer sind, je *schmaler* dieser Bereich ist.

Erwartungsgemäß verfügen diejenigen, deren Gesundheits- und Kraftregion *breit* ist, über Reserven an Kraft und Ausdauer, die sie befähigen, notfalls mehrere Tage und Nächte hintereinander durch-

Scharfe Einknickung zwischen Lebensregion und Gesundheits- und Kraftregion

zumachen. Bei ihnen handelt es sich um den Typ des Partylöwen oder um jene Spezies, die Prüfungen am besten dann besteht, wenn sie sich erst in der Nacht zuvor das notwendige Wissen einpaukt. Auch können sie, falls sie einen lebhaften Sexualtrieb haben, ihren Partner mit ihrer Energie überwältigen.

Aufgewecktheit, Einfühlungsvermögen und Urteilskraft sind Eigenschaften, denen die Siang-Mien-Meister große Bedeutung beimessen; sie können nicht verhehlen, daß sie unaufmerksame und nur beschränkt konzentrationsfähige Menschen verachten. Ihr stärkstes Mißfallen gilt jenen, die ständig dem Einschlafen nahe sind; sie haben den sogenannten Schlafzimmerblick, der am besten daran zu erkennen ist, daß die *Augen* zur Nasenwurzel hin *sehr spitz zulaufen.*

Unabhängig davon, ob die Ursache dieser Schläfrigkeit Trunken-

Elvis Presley
breite Gesundheits- und
Kraftregion

heit ist oder nicht, raten die Siang-Mien-Meister denen, die ihren Alkoholkonsum einstellen oder reduzieren wollen, sich »einen Betrunkenen anzusehen, wenn sie selbst nüchtern sind«.

Mitunter wachsen die Augenbrauen in die Gesundheits- und Kraftregion hinein. Eine solche *Behaarung* weist auf einige unangenehme Eigenschaften hin: Die Betreffenden neigen zu Depressionen sowie zu eingebildeten Krankheiten und Problemen. Viele sind schnell beleidigt.

Diejenigen, deren *Augenbrauen in der Mitte zusammenwachsen* und deren Gesundheits- und Kraftregion *behaart* ist, sind in der Regel kleinlich und empfindlich.

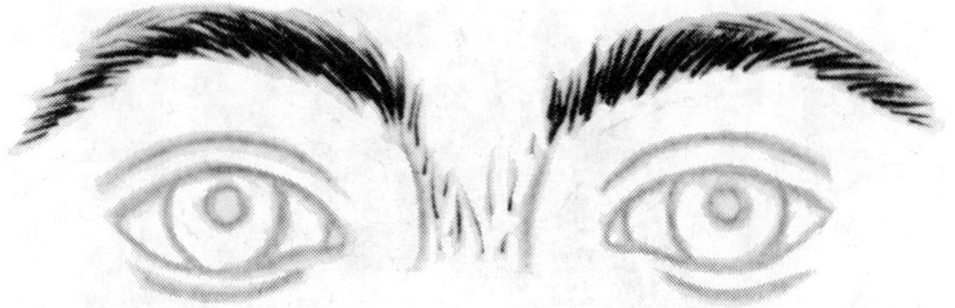

Behaarte Nasenwurzel

8. *Liebesregion*

Die Liebesregion führt am unteren Augenrand entlang und setzt sich von dort bis zum Haaransatz fort.

Die Mehrheit der frühesten Siang-Mien-Meister sah keinerlei Zusammenhang zwischen Liebe und Ehe. Zu ihrer Zeit wurden Ehen von den Eltern der künftigen Ehepartner verabredet, wobei Liebe keine Rolle spielte.

»Eltern wissen am besten Bescheid«, lautete die allgemein akzeptierte Haltung, und falls sich nach der Hochzeit Liebe einstellen sollte, um so besser. Die Kamelie wird von den Chinesen Liebesbaum genannt. Zu diesem Namen kam sie der Legende zufolge, nachdem eine unglückliche Frau sich von einem Felsen gestürzt hatte, um nicht vom Kaiser, der ihren Ehemann hatte ermorden lassen, in seinen Palast entführt zu werden. Aus den Gräbern der Frau und ihres ermordeten Mannes wuchsen Kamelienbäume, deren Zweige sich ineinander verschlangen, um das – bis in den Tod hinein unverbrüchliche – Eheglück zu symbolisieren.

Obwohl elterlich verabredete Ehen heute in China nicht mehr üblich sind, üben viele Eltern nach wie vor Druck auf ihre Kinder aus, damit sie einen bestimmten Kandidaten heiraten; dieses Verhalten ist besonders in ländlichen Gegenden noch verbreitet, wo vier Fünftel aller Chinesen leben. Doch selbst hier wird heute, teils infolge touristischer Einflüsse, immer häufiger von Liebe gesprochen.

Die Gegend unter den Augen ist diejenige Region, die am meisten

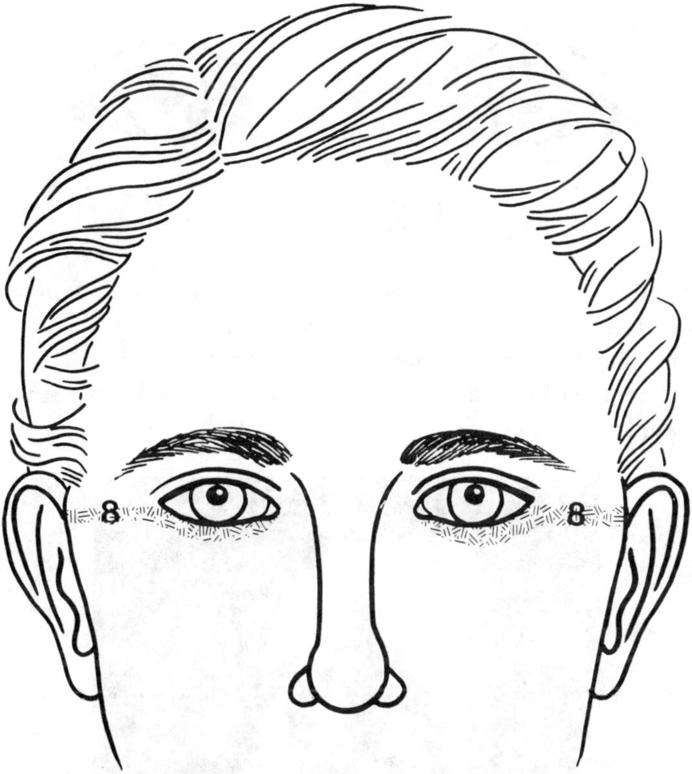

Liebesregion

über Liebe verrät. Ist sie *rötlich oder hell,* so ist alles in Ordnung, und die Beziehung verläuft harmonisch.

Erst zu Beginn dieses Jahrhunderts erkannten Siang-Mien-Lehrer an, daß es so etwas wie »gebrochene Herzen« geben kann, wobei sie *jede Falte unter den Augen* als eine verlorene Liebe diagnostizierten.

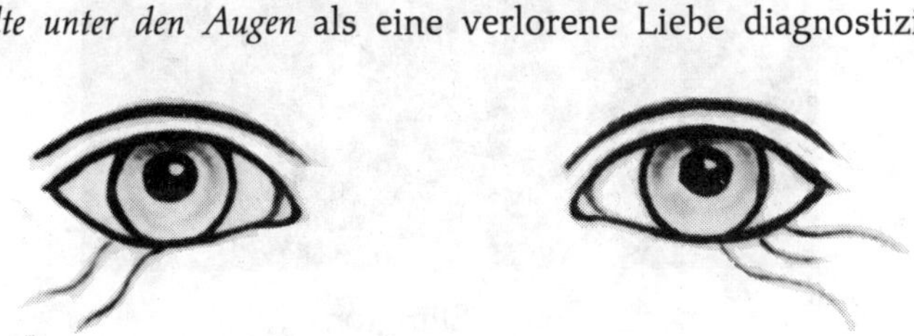

Falten unter den Augen

Grübchen unter den äußeren Augenwinkeln

Heutige Siang-Mien-Deuter sehen in diesen Falten nicht nur gebrochene Herzen, sondern auch schwere Enttäuschungen in Freundschafts- und Familienbeziehungen.

Eine *Vertiefung unter den äußeren Augenwinkeln,* das heißt ein von einem konkaven Knochen herrührendes Grübchen, ist für diejenigen

Duke Ellington
Säcke unter den Augen

charakteristisch, die den Grundsatz, ein Ehepartner sei fürs ganze Leben bestimmt, nicht billigen können.

Nur wenige von ihnen würden sich allerdings offen zu ihrer Ansicht bekennen, daß es praktisch unmöglich sei, in einem einzigen Menschen all das zu finden, was für eine lebenslängliche Beziehung wichtig ist: Loyalität, Geduld, geistige und körperliche Übereinstimmung sowie ähnliche oder sich ergänzende Ansichten über Fragen des materiellen Wohlstands, gemeinsamer Freundschaften und des Geschmacks. Einige gestehen ein, daß auch sie selbst nicht hinreichend gerüstet sind, um einen anderen Menschen ein Leben lang zufriedenzustellen.

Das könnte als ein Siang-Mien-Votum zugunsten der Polygamie verstanden werden, die im alten China und selbst noch in unserem

Ronald Reagan
Krähenfüße

Jahrhundert üblich war, doch der neuesten Siang-Mien-Deutung zufolge stellen diejenigen, die unter den äußeren Augenwinkeln deutliche Vertiefungen haben, hohe Anforderungen an sich selbst und sind in der Ehe schwer zufriedenzustellen.

Auffällige *Säcke unter den Augen* werden als Beeinträchtigung des Schicksals des betreffenden Menschen angesehen. Ist diese Gegend indessen *fleischig,* so ist das ein Zeichen dafür, daß der Betreffende aufgeweckte und intelligente Kinder hat oder haben könnte, die allerdings zur Boshaftigkeit neigen.

Frauen, bei denen die Gegend unter den Augen *eingefallen oder bläulich gefärbt* ist, sollten dem Rat der Siang-Mien-Meister zufolge während der Schwangerschaft besonders auf ihre Gesundheit achten.

Bilden sich in der Liebesregion *vor dem 35. Lebensjahr Krähenfüße,* so ist das ein deutliches Zeichen dafür, daß sich der Betreffende leicht von seiner Familie aus der Fassung bringen läßt. Diese Menschen sind häufig höchst allergisch gegen die Rolle, die der Partner oder die Familie ihnen zuweisen – etwa Ernährer oder diejenige Person zu sein, die den Großteil der Verantwortung zu tragen hat.

Das Auftreten von *Falten, einschließlich Krähenfüßen,* in der Liebesregion ist laut Siang Mien normal. Sie sind, ob uns das gefällt oder nicht, Anzeichen des Alterns, und es gibt wenig oder gar nichts, was zu ihrer Verhinderung getan werden könnte.

Der plastischen Chirurgie schenken die modernen Siang-Mien-Praktiker keinerlei Beachtung, da Krähenfüße früher oder später wiederkehren werden. Allerdings besagt ein in einigen Familien noch lebendiger alter chinesischer Glaube, daß durch die dauernde Bedekkung des Gesichts mit einem Schleier und den dadurch bewirkten Schutz der Haut vor Lichteinwirkung das Auftreten von Runzeln gemindert würde.

Heute dürften nur sehr wenige Frauen und Männer, nicht einmal die Eitelsten oder die eifrigsten Streber nach ewiger Jugend, einen derart drastischen Schritt in Erwägung ziehen.

Siang Mien sieht keinen Zusammenhang zwischen Sexualität und Liebesregion. Das Sexualverhalten ist ablesbar am Mund (Kapitel IX), Kinn (Kapitel XII), an den Ohren, insbesondere den Ohrläppchen (Kapitel X), an den Augenbrauen (Kapitel VI), den Augen (Kapitel VII) und sogar an den Muttermalen (Kapitel XIII).

KAPITEL VI

DIE AUGENBRAUEN

Siang Mien unterscheidet mehr Augenbrauen-Typen, als die meisten Menschen für möglich halten würden. Viele haben zwei ganz verschiedene Arten von Brauen, wobei sie von beiden Arten einige Eigenschaften übernehmen. Einige Menschen haben zudem zwei völlig verschiedene Augen.

Diese nicht unübliche Erscheinung hat die Chinesen dazu veranlaßt, das Auftreten eines Merkmals auf der einen von dessen Auftreten auf der anderen Gesichtshälfte zu unterscheiden: »Das Zucken von linkem Auge und linker Braue bedeutet Wohlstand, von rechtem Auge und rechter Braue Not.« Deshalb ist es wichtig, seine linke von seiner rechten Gesichtshälfte unterscheiden zu können.

Da die Augenbrauen – insbesondere bei Frauen – aus Gründen der Schönheit mehr als irgendein anderer Teil des Gesichts Eingriffen unterworfen sind, fällt es mitunter schwer sich vorzustellen, welche natürliche Beschaffenheit sie hatten, bevor sie ausgezupft oder mit Hilfe eines Tuschstiftes übermalt wurden.

Zudem besteht die Möglichkeit, daß auch der Besitzer übermalter Augenbrauen vergessen hat, wie deren natürliche Gestalt beschaffen war. Um über solche Brauen etwas zu erfahren, müssen sie entweder in Augenschein genommen werden, wenn sie von allen Make-ups und sonstigen Verschönerungshilfen frei sind, oder man muß – durch sorgfältige Beobachtung von Augen und Stirn – zu ermessen versuchen, wie der natürliche Wuchs am ehesten beschaffen sein dürfte.

Laut Siang Mien verraten die Augenbrauen, wie gut ein Mensch seine Gedanken zu ordnen vermag und ob seine Gesundheit im allgemeinen gut ist.

Zwar kann durch einen Blick auf die (in Kapitel V beschriebene) Gesundheits- und Kraftregion Genaueres über die Gesundheit eines Menschen gesagt werden als anhand der Augenbrauen, doch sind dicke Augenbrauen ein Zeichen für gute Gesundheit, während

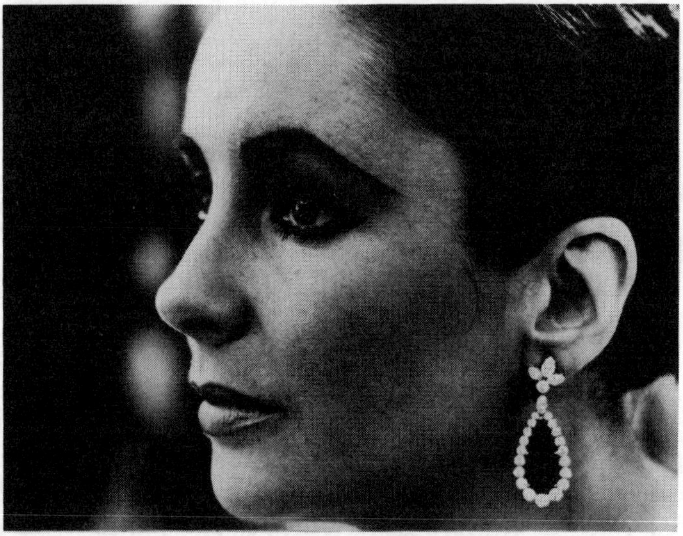

Elizabeth Taylor
ideale Augenbrauen

dünne einen anfälligeren Stoffwechsel anzeigen. Je dicker die Brauen, desto besser der Zustand der Nieren, so jedenfalls glauben chinesische Heilkundler ebenso wie Siang-Mien-Praktiker.

Die *idealen Augenbrauen* sind laut Siang Mien glänzend, ziemlich dick und im Farbton etwas heller als das Kopfhaar. Eine Ausnahme bildet das (in Kapitel III beschriebene) Eisengesicht, bei dem es vorteilhaft ist, wenn die Augenbrauen dunkler als das Kopfhaar sind.

Ideale Länge besitzt eine Augenbraue, wenn sie an beiden Enden etwas über das Auge hinausreicht; *ideale Breite* hat sie, wenn sie an der breitesten Stelle einen halben (flach aufgelegten) Zeigefinger mißt; die *ideale Form* schließlich hat sie, wenn sie am Anfang leicht gerundet ist, sich in einem sanften Bogen fortsetzt und am Ende spitz zuläuft.

In dem berühmten chinesischen Roman aus dem 18. Jahrhundert *Der Traum der Roten Kammer* wird die Heldin »Schwarze Jade« wegen ihrer »wunderschön geschwungenen Augenbrauen und ihrer funkelnden Augen« bewundert. Wie wir in Kapitel VII (Die Augen) sehen werden, sind funkelnde Augen besonders günstig.

Es gibt *noch ein weiteres Idealmaß:* Der *Abstand zwischen Auge und Brauenmitte* sollte die Breite eines flach aufgelegten Zeigefingers haben. Ist er geringer, so hat das ungünstige Auswirkungen auf die Karriere des Betreffenden, ist er größer, so kann das auf einen Mangel an Koordination von Denken und Handeln hindeuten.

Die systematischsten Denker sind jene, deren Augenbrauen nicht nur alle oder die meisten dieser positiven Grundeigenschaften aufweisen, sondern zugleich *symmetrisch angeordnet* sind und *sichtbare Wurzeln* haben. Allerdings dürfen die Brauen nicht isoliert gesehen werden, denn eine weitere von Siang Mien genannte Bedingung für klares Denken ist eine wohlgeformte Stirn – glatt, gerundet, breit und hoch.

Desgleichen können viele der Nachteile, die mit den zahlreichen ungünstigen Augenbrauen-Typen verbunden sind, durch eine gute oder leidlich gute Stirn gemildert werden. Umgekehrt werden diejenigen, die besonders gute Brauen, aber eine ungünstige Stirn haben, einige mit ersteren einhergehende gute Eigenschaften durch letztere geschmälert oder aufgehoben finden. (Näheres über die Stirn siehe Kapitel IV.)

Die chinesische Literatur enthält zahlreiche Anspielungen auf die Augenbrauen, und die chinesische Malerei zeigt, daß es bei den Frauen allgemein üblich war, sich die Brauen auszuzupfen und sie zu sanft geschwungenen Bögen umzuformen. Jungen Chinesen, die sich für Siang Mien interessieren, wird mitunter eine alte Geschichte erzählt, in der es um Augenbrauen geht.

Ein häßliches Dorfweib beneidete Hsi Shih um ihre Schönheit. Eines Morgens hatte Hsi Shih Magenbeschwerden und verzog jedesmal, wenn sie Schmerzen verspürte, ihre Augenbrauen. Das häßliche Weib sah die gerunzelten Brauen und imitierte sie in dem Glauben, dadurch würde sein eigenes Aussehen verschönert. Doch nun war seine Häßlichkeit so furchterregend, daß die Menschen flohen, sobald es sich ihnen näherte, und ganze Familien verließen das Dorf, um dem abscheulichen Anblick zu entgehen.

Zum Glück bedarf es mehr als nur häßlicher Augenbrauen, um heutzutage eine solche Reaktion auszulösen.

Als die Begründer der Siang-Mien-Lehre ihre Aussagen über die Augenbrauen formulierten, stellten sie fest, daß sie es mit einer Vielzahl von Variationen zu tun hatten und es nicht ausgereicht haben würde, sie allein der Form nach zu unterscheiden. Sie kamen zu dem Schluß, daß andere Aspekte und Eigenschaften wie Dicke, Länge oder die Lage im Verhältnis zu den Augen ebenso wichtig für das Verständnis des Charakters eines Menschen seien wie die verschiedenen Augenbrauenformen selbst.

Siang Mien unterscheidet 18 Augenbrauen-Typen, von denen einige die Form der Brauen beschreiben, während andere durch eine besondere Eigenschaft der Brauen definiert sind.

---

1. *Die ideale Augenbraue*

Wie der Beschreibung zu Beginn dieses Kapitels zu entnehmen ist, weist die ideale Augenbraue folgende Eigenschaften auf:

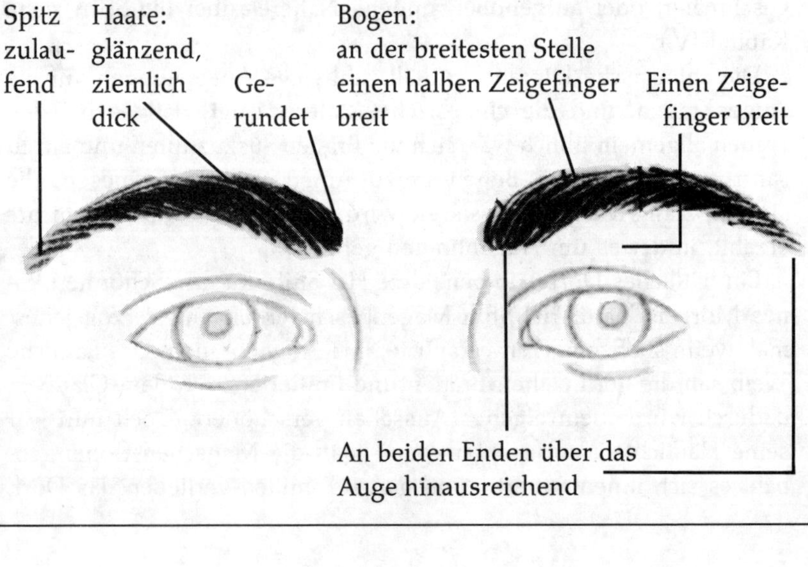

2. *Besenförmige Augenbrauen*

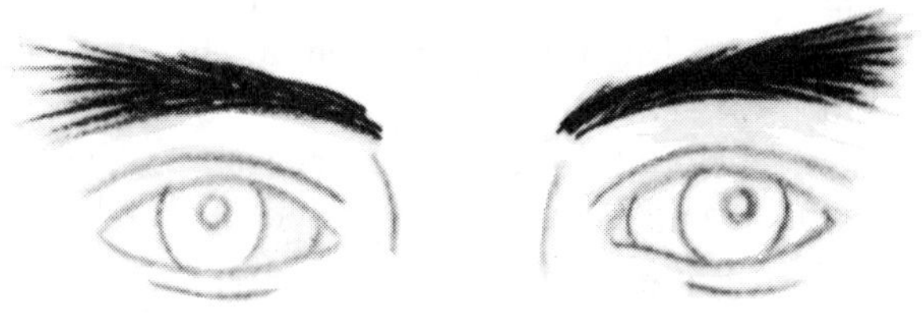

Aufwärts zeigende Besen-Brauen

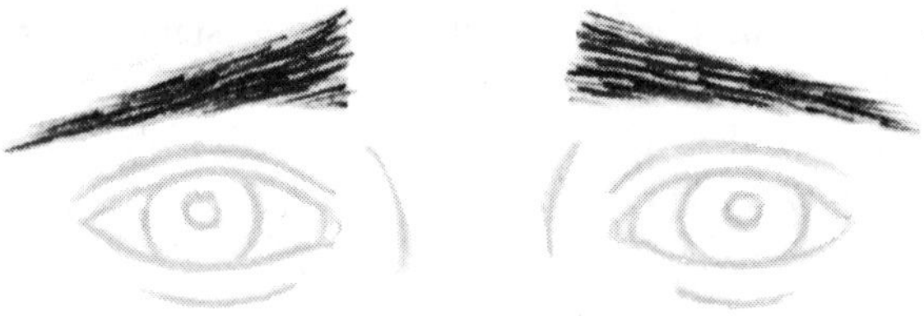

Abwärts zeigende Besen-Brauen

Siang Mien unterscheidet zwei Typen von besenförmigen Brauen: Jene, die am Anfang wohlproportioniert sind, jedoch zu den Enden hin ausfransen (aufwärts zeigende Besen), und jene, die am Anfang ausgefranst sind, jedoch zu den Enden hin besser proportioniert sind (abwärts zeigende Besen).

Beide Typen zeugen von mangelhaftem Antrieb und Ehrgeiz, einen Plan oder eine Unternehmung zu einem lohnenden Abschluß zu bringen. Diejenigen mit aufwärts zeigenden Besen-Brauen geben ihr Bestes während der ersten Hälfte eines Vorhabens, während diejenigen mit abwärts zeigenden Besen-Brauen in der zweiten Hälfte mehr Energie und Interesse aufbringen.

Siang Mien warnt die Besitzer sowohl des einen als auch des anderen Typs besenförmiger Augenbrauen, sich in den Dreißigern vor Geldverlust oder körperlichen Schäden zu hüten. Wendet sich das Schicksal zum Schlechten, so kann während dieses Lebensjahrzehnts wenig zur Vermeidung von Problemen getan werden, doch das Bewußtsein möglicher Schwierigkeiten vermag wenigstens dafür zu sorgen, daß unnötige Risiken vermieden werden.

Den Siang-Mien-Rat an diejenigen, deren Augenbrauen Besenform haben, kann sich jeder zu Herzen nehmen: »Verlaß dich nicht auf dein gegenwärtiges Glück; wappne dich für die Zeit, in der es dich verlassen könnte.« Mit anderen Worten, nimm nichts als selbstverständlich hin.

Menschen mit sehr dunklen und dicken Besen-Brauen neigen zu Aggressivität und sogar Gewalttätigkeit, sind aber zumeist in der Lage, sich so weit zu kontrollieren, daß sie zerstörerische Anwandlungen zu zügeln vermögen. Siang-Mien-Lehrer ermahnen die Betreffenden, sich zu vergegenwärtigen, daß »den Erhabenen die Sitte, den Niederen das Gesetz regiert«.

Vorausgesetzt, das übrige Gesicht legt eine starke Persönlichkeit nahe, dann könnte jemand mit abwärts zeigenden Besen-Brauen in einer politischen oder militärischen Karriere Erfolg haben. (Siehe auch Abschnitt 17 dieses Kapitels.)

3. *Helden-Augenbrauen*

Helden-Augenbrauen sind sehr wünschenswert. Sie haben einen guten Anfang und ein gutes Ende.

Menschen mit Helden-Brauen sind energisch, haben geordnete Gedanken und sind zumeist überdurchschnittlich vorausschauend. Sie sind ehrgeizig und im allgemeinen bereit, anderen zu helfen. Be-

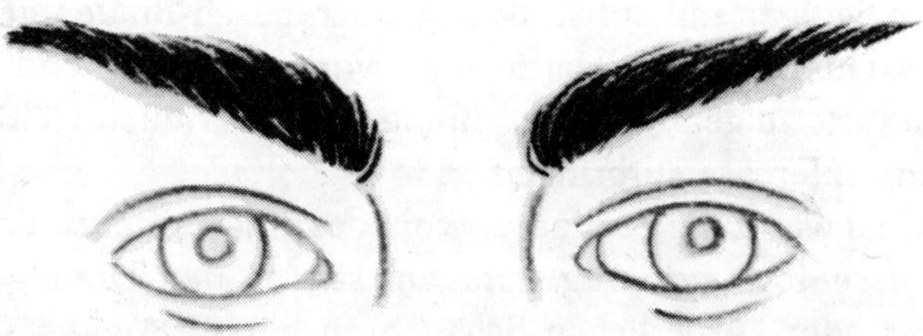

sonders langgezogene Helden-Brauen, die in ihrer ganzen Länge aufwärts zeigen, verraten glückliche Menschen, die in der Gewißheit, daß ihr Tun ihnen im allgemeinen zum Vorteil gereicht, voller Selbstvertrauen handeln können.

4. *Chaotische Augenbrauen*

Wie ihr Name bereits andeutet, wachsen chaotische Augenbrauen in alle Richtungen. Sie sind zumeist recht dick und verraten entweder konfuse Gedanken oder Konzentrationsprobleme oder, schlimmstenfalls, beides. Menschen mit chaotischen Augenbrauen und impulsivem Verhalten mangelt es im allgemeinen an guten Manieren.

Viele mit solchen Augenbrauen verfügen über eine bessere Konstitution als die Mehrheit ihrer Mitmenschen, wissen aber nicht, sie zum eigenen Vorteil zu nutzen.

Verteilen sich die Augenbrauenenden unförmig über eine größere Fläche, so halten die Jahre zwischen dem 31. und 34. Lebensjahr eine Reihe von unerfüllten Hoffnungen und Sehnsüchten bereit.

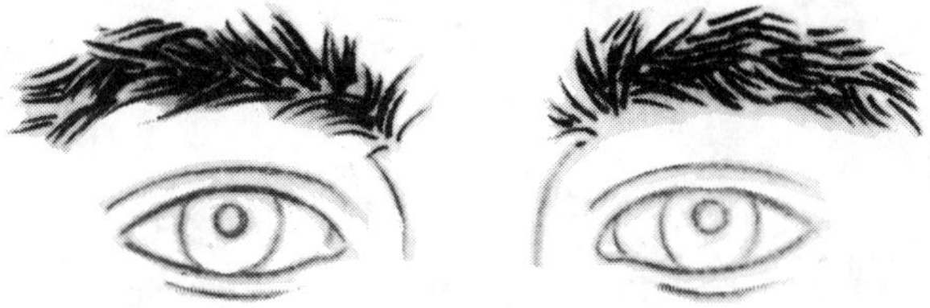

5. *Dreieckige Augenbrauen*

Dreieckige Augenbrauen sind häufig dick und verraten der Mitwelt, daß ihr Besitzer selbstsüchtig ist, aber durchaus Mut aufzubringen vermag, wenn es gilt, Einsatz zu zeigen.

Wer dreieckige Augenbrauen hat, zugleich aber einen Mangel an eigenen Ideen, der vermag für gewöhnlich die Ideen anderer zum eigenen Vorteil zu nutzen und dabei zugleich, sofern er dazu bereit ist, anderen zu helfen.

Sehr spitz zulaufende Anfänge und Enden bei dreieckigen Augenbrauen sind Anhaltspunkte dafür, daß die Betreffenden einen ausgeprägten Willen haben.

Hô Chi Minh
dreieckige Augenbrauen

6. Messerförmige Augenbrauen

Siang Mien verbindet diesen Brauen-Typus mit drei Begriffen: klug, grausam, entschlossen.

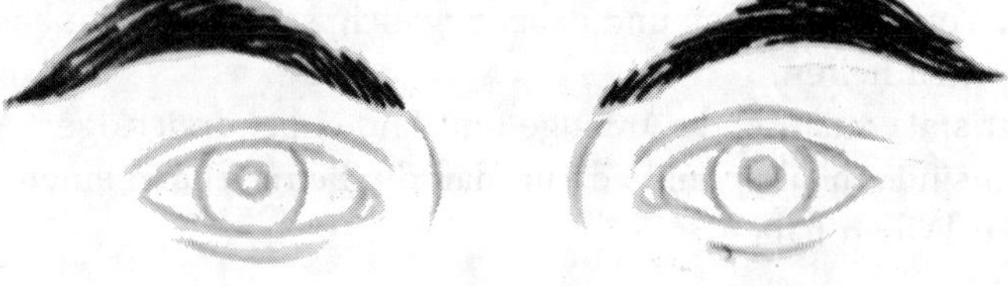

Ayatollah Khomeini
messerförmige
Augenbrauen

7. *Neumondförmige Augenbrauen*

Die meisten neumondförmigen Augenbrauen sind dünn. Siang Mien offenbart, daß Frauen mit *dünnen* Neumond-Brauen zu Gefühlsaus-

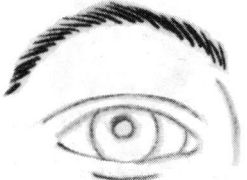

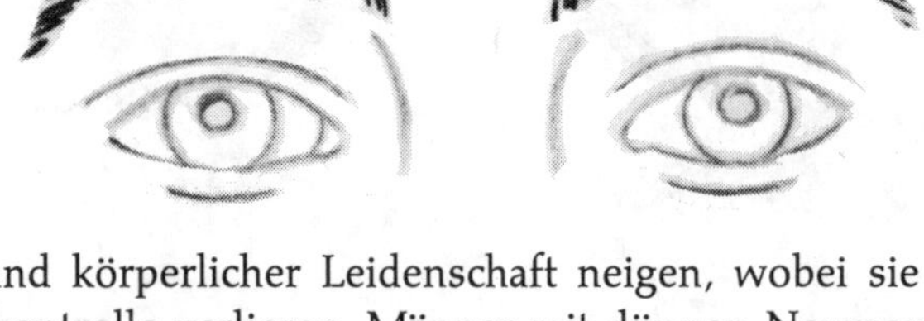

brüchen und körperlicher Leidenschaft neigen, wobei sie mitunter die Selbstkontrolle verlieren. Männer mit dünnen Neumond-Brauen haben in der Regel ein übermäßiges sexuelles Interesse.

Menschen mit *dicken* Neumond-Brauen neigen zur Hysterie, sind jedoch aus Angst vor gesellschaftlicher Isolierung bestrebt, diese Neigung unter Kontrolle zu halten.

8. Achtzeichenförmige Augenbrauen

Diese Augenbrauen werden so genannt, weil sie dem chinesischen Schriftzeichen für »Acht« ähneln.

Die ersten Siang-Mien-Meister waren der Meinung, daß Menschen mit solchen Augenbrauen »eher schillernd als aufrichtig« seien, doch spätere Meister vertraten die Ansicht, daß eine solche Einschätzung nicht allen gerecht werde, die achtzeichenförmige Brauen haben, weshalb sie hinzufügten: »Gerader Blick, aufrichtiges Herz«, womit sie ausdrücken wollten, daß Menschen mit besagten Augenbrauen einen anständigen Charakter haben, sofern sie Blicken nicht ausweichen.

Eine weitere Siang-Mien-Beobachtung bezüglich Menschen mit achtzeichenförmigen Augenbrauen besagt, daß sie sich eher zum Arbeitnehmer als zum Arbeitgeber eignen; allerdings rücken die Siang-Mien-Meister von dieser Einschränkung wieder ab, wenn der Betreffende ein kräftiges Kinn oder eine wohlgerundete Karriereregion (siehe Kapitel V) hat.

Achtzeichenförmige Augenbrauen weisen auf eine schwierige Zeit zwischen dem 31. und 34. Lebensjahr hin, in der ein beruflicher Rückschlag wahrscheinlich ist; sind allerdings die Brauenwurzeln sichtbar, so dürfte es in dieser Zeit kaum Probleme geben.

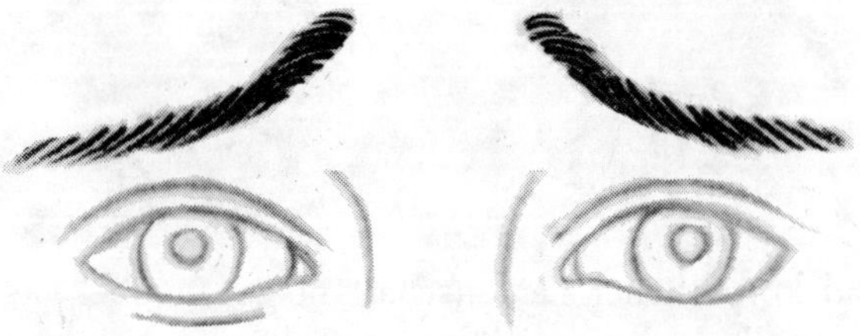

9. Dicht über den Augen liegende Brauen

Wie wir sahen, gilt als idealer Abstand zwischen Brauenmitte und Auge die Breite des flach aufgelegten Zeigefingers.

Ist dieser Abstand deutlich geringer, so sprechen die Siang-Mien-Meister von »dicht über den Augen liegenden« oder »auf die Augen drückenden« Augenbrauen. Solche Brauen sind ein Zeichen für Ungeduld und die Neigung zu nervöser Unruhe. Sind sie dünn, so zeigen sie an, daß der Betreffende aller Wahrscheinlichkeit nach systematischer – wenngleich ebenso ungeduldig – ist als jemand mit dicken Brauen, der nahezu sicher impulsiv ist.

Adolf Hitler
auf die Augen drückende Brauen
und vorstehende Knochen über
den Brauen

In Verbindung mit einer vorstehenden Knochenstruktur unmittelbar über der Braue offenbaren diese Augenbrauen einen die eigenen Fähigkeiten übersteigenden Ehrgeiz, was bedeutet, daß sich die Betreffenden häufig zu hohe Ziele setzen, aufgrund ihres Mangels an Geduld reizbar werden und dadurch wiederum andere verärgern.

Im 15. Jahrhundert wurde Siang-Mien-Schülern folgende Geschichte erzählt. Am Morgen seiner Abreise in die chinesische Hauptstadt, wohin er auf seinen ersten bedeutenden Posten berufen worden war, erhielt ein neuernannter Beamter Besuch von einem Freund.

»Du mußt stets Geduld üben«, mahnte der Freund, und der frisch gebackene Beamte versprach, den Rat zu befolgen.

Der Freund wiederholte seine Ermahnung dreimal, und jedesmal nickte der Beamte zustimmend. Als der Freund seinen Rat ein viertes Mal vortrug, verlor der Beamte die Geduld und rief: »Hältst du mich für einen Dummkopf? Warum wiederholst du etwas so Banales immer und immer wieder?«

Der Freund seufzte. »Es ist nicht leicht, Geduld zu üben. Ich habe es nur wenige Male gesagt, und schon bist du ungeduldig.«

10. Eine Augenbraue höher als die andere

Gleichsam von Geburt an werden die Chinesen angehalten, Eltern und Alte zu ehren. Deshalb mißt Siang Mien denjenigen Gesichtszügen beträchtliches Gewicht bei, die Aufschluß über die Eltern und über die kindlichen Pflichten eines Menschen geben.

Einige frühe Siang-Mien-Beobachtungen über Familienverhältnisse werden heute als überholt betrachtet: Aus unterschiedlich ho-

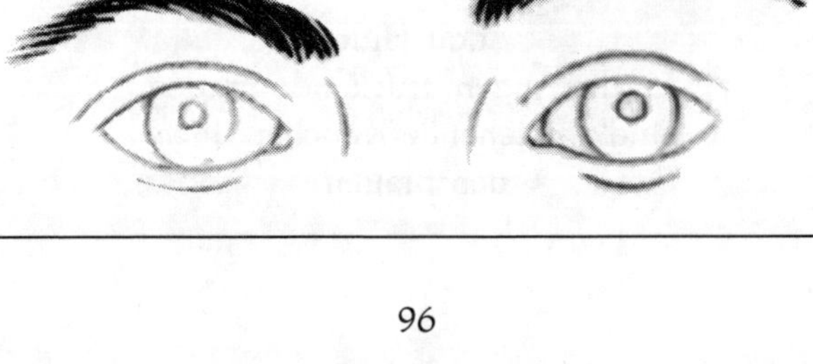

hen Augenbrauen schloß man auf die Existenz eines Stiefvaters oder, was in China häufiger der Fall war, eines Vaters mit mehreren Frauen.

Einer weiteren, genaueren Beobachtung zufolge, die auch heute noch für richtig befunden wird, bedeuten verschieden hohe Augenbrauen, daß die betreffende Person starken Gefühlsschwankungen unterworfen ist. Doch im vorliegenden Fall sieht Siang Mien darin keinen signifikanten charakterlichen Makel.

Es gibt bezüglich der Augenbrauen andere Aspekte, die Siang Mien mit der Familie in Verbindung bringt.

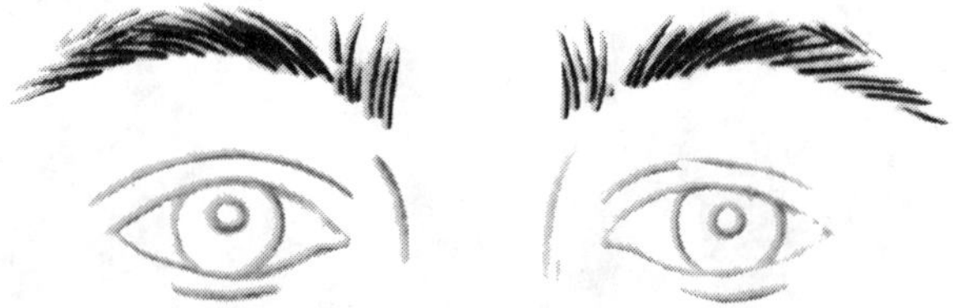

Brauenhaare am Anfang der
Brauen senkrecht in die Höhe
wachsend

Wachsen die Brauenhaare am Anfang der Brauen senkrecht in die Höhe, so bedeutet das den Siang-Mien-Begründern zufolge, daß der Betreffende Brüder, Schwestern oder Verwandte der gleichen Generation hat, die nicht sonderlich freundlich oder hilfreich sind.

Eine *kahle Stelle* in der Augenbraue pflegte man als Zeichen für den plötzlichen Tod eines Bruders oder einer Schwester zu deuten; moderne Siang-Mien-Meister sehen darin einen emotionalen Bruch mit einem Bruder, einer Schwester oder einem engen Verwandten der gleichen Generation oder eine schwere Enttäuschung über einen solchen Menschen.

Eine *kahle Stelle in Verbindung mit sehr wirren Brauenenden* gilt als Warnung vor einer Unfallgefahr.

11. Zusammengewachsene Augenbrauen

Jahrhundertelang betrachteten die Chinesen Gelehrsamkeit als den Inbegriff der Zivilisation. Einige Gelehrte waren für ihre schmale Taille (die als Zeichen für gute Manieren galt), langen Fingernägel (als Beweis dafür, daß sich ihr Besitzer über jegliche manuelle Tätig-

Leonid Breschnew
zusammengewachsene
Augenbrauen

keit erhaben fühlte) oder zusammengewachsenen Augenbrauen (hoher Verstand) nicht minder berühmt als für ihre literarischen Fähigkeiten.

Tatsächlich ließen sich viele Mandarine – darunter junge und völlig gesunde – beim Gehen von Dienern stützen. Vermutlich waren es Chinesen, die als erste erklärten, es gebe Menschen, die nicht zugleich gehen und denken können.

Eine solche Zurschaustellung von Kraftlosigkeit gehört in China der Vergangenheit an, und nicht einmal zusammengewachsene Augenbrauen werden mehr als günstig angesehen. Tatsächlich werden sie heute von den meisten Siang-Mien-Lehrern mit Menschen in Verbindung gebracht, die leicht beleidigt und allzu schnell niedergeschlagen sind, womit sie sich selbst innere Barrieren errichten, die schlimmstenfalls in eingebildeten Krankheiten gipfeln können.

Diese Augenbrauen verraten häufig kleinliche und nachtragende Menschen. Sollte ihnen Erfolg winken, so kaum vor dem 35. Lebensjahr.

12. Sehr kurze Augenbrauen

In sehr kurzen Augenbrauen sehen Siang-Mien-Praktiker einen allgemeinen Hinweis darauf, daß es sich um leicht reizbare, empfindliche und ungeduldige Menschen handelt. Sie sind vermutlich sogar noch ungeduldiger als jene, die sehr dicht über den Augen liegende Brauen haben (siehe Abschnitt 9 dieses Kapitels).

Viele derer, die sehr kurze Augenbrauen haben, helfen ihren Mitmenschen nur ungern. Siang Mien rät ihnen davon ab, andere im Stich zu lassen.

»Der Frost vernichtet nur die allein stehenden Grashalme«, sagen die Chinesen um auszudrücken, daß gegenseitige Hilfe Unheil abzuwenden vermag.

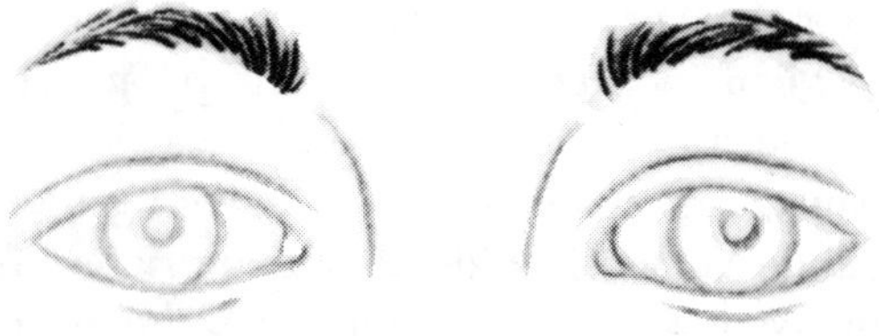

13. Sehr dicke Augenbrauen

Ist so gut wie jedes einzelne Haar der Augenbraue sehr dick und dunkel, so handelt es sich um einen Menschen mit starker Persönlichkeit, womöglich einen Autokraten.

Sind die Augenbrauen zugleich eckig, so verraten sie einen kühnen, harten und unbeugsamen Menschen, der zudem aller Wahrscheinlichkeit nach dazu neigt, schlecht gelaunt zu sein.

14. Dünne Augenbrauen

Je dünnere Augenbrauen ein Mensch hat, desto reservierter ist er. Einige sind auch faul, schwerfällig und völlig unkreativ.

Dünne Augenbrauen weisen laut Siang Mien auf Gesundheitsprobleme hin, die in der Regel harmlos, gleichwohl aber unangenehm sind. Das sollte die Betreffenden nicht daran hindern, mehr aus ihrem Leben zu machen als diejenigen, die sich, obgleich mutmaßlich gesünder, in betulichen Beschäftigungen und Kurzweil ergehen.

Erscheint ein Gesicht äußerlich schroff und abweisend, so kann dieser Schein im Falle von dünnen Augenbrauen trügen, denn sie geben Siang-Mien-Beobachtern darüber Aufschluß, daß der Betreffende weniger schroff und hart ist, als er scheint.

15. Sehr bleiche Augenbrauen

Diejenigen, deren Augenbrauen *deutlich bleicher* als ihr Kopfhaar sind, sind den Siang-Mien-Meistern zufolge keine geborenen Schnelldenker. Haben sie jedoch ein Lebensziel, so können sie es unter der Bedingung erreichen, daß es ihnen gelingt, das ungeordnete Denken und die mangelnde Voraussicht, die ihnen von Haus aus eigen sind, zu überwinden. Wem das nicht gelingt, der sollte es vorziehen, mit den Händen zu arbeiten, anstatt eine Karriere anzustreben, die klares Denken und die Mitmenschen tangierende Entscheidungen erfordert.

Sind die Brauenhaare nicht nur äußerst bleich, sondern auch von *spärlichem* Wuchs und dünner Verteilung, so ist das ein Zeichen dafür, daß der Betreffende in seinem Leben wenig erreichen wird.

Die frühen Dreißiger verlaufen für die Mehrzahl der Menschen

Madame Tussaud
bleiche Augenbrauen

mit hellen Augenbrauen nicht sonderlich günstig und bringen, wie bei denen mit dünnen Brauen, Gesundheitsprobleme mit sich, die überwiegend harmlos, aber lästig sind.

Doch halten es auch Siang-Mien-Meister und -Praktiker mit der alten Spruchweisheit, daß, wo ein Wille, auch ein Weg ist, und viele Menschen mit ungünstigen Augenbrauen haben in ihrem Leben zumindest zeitweise beachtlichen Erfolg.

16. Gekräuselte Augenbrauen

Wie die meisten der von den Siang-Mien-Meistern für ungünstig gehaltenen Brauen deuten auch die gekräuselten auf ein ungeordnetes und unsystematisches Denken hin. Zudem lassen sie auf Unbeständigkeit, mangelnde Liebesfähigkeit und die Bevorzugung neuer gegenüber alteingesessenen Beziehungen schließen.

Diese Augenbrauen gehen häufig mit einer *vorstehenden Knochenstruktur unmittelbar über der Braue* einher, was auf einen beruflichen Rückschlag in den frühen Dreißigern hinweist.

Sind auch die übrigen Gesichtszüge ungünstig, besteht namentlich eine allgemeine Unvollkommenheit von Stirn, Augen und Kinn, so ist die Wahrscheinlichkeit groß, daß der Betreffende vor dem 35. Lebensjahr stirbt.

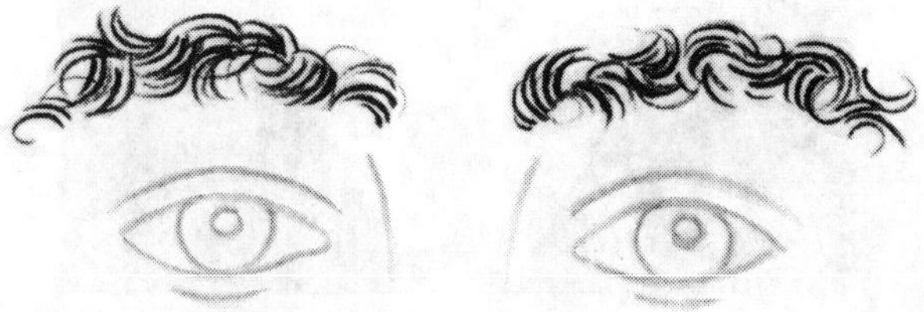

17. Brauenhaare nach unten wachsend

Bei den meisten Menschen wachsen die Brauenhaare nach oben. Diejenigen, bei denen sie nach unten wachsen, neigen zu unreifem Verhalten und stehen nicht selten mit Freunden, der Familie, ja sogar dem Leben selbst auf Kriegsfuß.

Sind nach unten wachsende Augenbrauen zugleich *dunkel und dick,* so könnte das auf eine nach dem 35. Lebensjahr eintretende Wendung des Schicksals zum Besseren hinweisen, insbesondere bei denen, die eine militärische oder politische Laufbahn eingeschlagen haben. Am wahrscheinlichsten ist eine solche Wendung bei Jade- oder Königsgesichtern (siehe Kapitel III).

General Charles de Gaulle
Brauenhaare nach unten wachsend,
dunkel – vor ihrem Ergrauen –
und dick

18. Sichtbare Brauenwurzeln

John Lennon
sichtbare Brauenwurzeln

Jeder Mensch hat aggressive Neigungen in sich. Einige sind in der Lage, diese zu ihrem Vorteil zu nutzen, andere wiederum gehen als Opfer ihrer inneren Konflikte durchs Leben.

Jene Glücklichen, die Augenbrauen mit sichtbaren Wurzeln haben, können Siang-Mien-Praktikern zufolge nicht nur unvorteilhafte Reaktionen auf ihr aggressives Verhalten meistern, sondern vermögen mitunter sogar den Respekt der Opfer ihrer Aggressionen zu gewinnen.

KAPITEL VII

DIE AUGEN

Man kann sich hinter einer Sonnenbrille, nicht aber hinter seinen Augen verstecken. Es sind die Augen, die aller Welt sagen, ob jemand machtbewußt oder vertrauenswürdig ist.

Aufgrund ihrer Empfindsamkeit sind die Augen für ein tieferes Verständnis der Siang-Mien-Lehre von großer Bedeutung. Anstelle der den meisten geläufigen Redensart, daß uns die Ohren brennen, wenn jemand über uns spricht, heißt es bei den Siang-Mien-Meistern:

Zucken die Augen, sind die Brauen lang
Dann sagt jemand, was du falsch getan.

Es gibt Chinesen, die von sich behaupten, an der Größe der Pupillen einer Katze die Zeit ablesen zu können. Allerdings bedarf es langer Übung, bis man gelernt hat, mit Hilfe einer solchen Katzen-Uhr die Zeit anzusagen, und es gibt keine Gewähr, daß eine chinesische Katze genauso »tickt« wie Katzen anderswo.

Um die Augen eines Menschen zu verstehen, ist es laut Siang Mien ebenso wichtig, ihren »Blick« – oder ihre Ausstrahlung – wie ihre Form zu betrachten.

Dieses Kapitel untersucht:

- Den Blick
- Die Formen
- Besondere Aspekte der Augen
- Die Augenfarbe

Vorab aber eine Siang-Mien-Warnung: Es ist leicht, sich von seinen eigenen Augen täuschen zu lassen. Hierzu eine 1200 Jahre alte Geschichte und ihre Moral:

Ein Mann hatte seine Axt verloren und verdächtigte den Sohn seines Nachbarn, sie gestohlen zu haben. Er beobachtete die Art, wie der Junge ging: genau wie ein Dieb. Er musterte den Gesichtsausdruck des Burschen: Er sah aus wie ein Dieb. Er hörte ihn sprechen: auch das wie ein Dieb. In der Tat schien alles, was der Junge tat und sagte, zu beweisen, daß er der Dieb war.

Einige Tage später fand der Mann seine Axt in einem Schrank. Als er kurz darauf den Nachbarssohn erblickte, fiel ihm auf, daß dessen Gesten und Handlungen durch nichts an einen Dieb erinnerten.

Mit dieser Geschichte will Siang Mien deutlich machen, daß ein flüchtiger, voreingenommener Blick nicht genügt. Die Beurteilung eines Charakters erfordert eine objektive und gründliche Analyse jeder Einzelheit des Gesichts. Sie ist die Arbeit eines geschulten und unvoreingenommenen Auges.

Das erste, worauf bei den Augen zu achten ist, ist der »Blick«.

DER BLICK

1. Der herrische Blick

William Shakespeare
herrischer Blick

Der Blick einiger Menschen ist so herrisch oder starr, daß er imstande zu sein scheint, in die Gedanken anderer einzudringen. Einige können mit ihrem Blick sogar eine Katze aus der Fassung bringen.

Allgemein vermögen diejenigen mit herrischem Blick sich auf Menschen und Situationen besser einzustellen als jene, deren Blick unterwürfig, weich oder wäßrig, jedenfalls aber nicht herrisch ist, auch wenn es furchteinflößend und irritierend sein kann, einem starren oder durchdringenden Blick ausgesetzt zu sein.

2. *Der verschlagene Blick*

Menschen mit verschlagenem Blick haben Schwierigkeiten, anderen in die Augen zu sehen, und ziehen es vor, auf deren Füße oder sonstwohin zu blicken, um einen Augenkontakt zu vermeiden. Sie sind verschlagen oder schüchtern.

Schüchternheit geht laut Siang Mien mit Selbstsucht einher, da viele »peinlich schüchterne« Menschen so sehr in ihre eigenen Gedanken verstrickt sind, daß es ihnen unmöglich ist, ihre Sinne oder Augen den Wünschen, Nöten oder auch nur der Anwesenheit eines anderen zu öffnen.

Bruce Lee
verschlagener Blick

3. Der blinzelnde Blick

Einige Menschen blinzeln viel. Das kann auf einen vorübergehenden nervösen Tic zurückzuführen sein, sehr häufiges Blinzeln aber ist symptomatisch für seelische Instabilität.

Diejenigen, deren Augen sich nach jedem Blinzeln nur langsam wieder öffnen, sind weniger stabil als die Mehrheit ihrer Mitmenschen; nimmt diese Bewegung besonders viel Zeit in Anspruch, so liegt die Ursache wahrscheinlich in einer Neurasthenie, einer nervlichen Schwäche.

4. Der gute Blick

Der gute Blick ist am günstigsten. Nicht nur sind die Augen klar, scheinend, funkelnd und deshalb reizvoll, sondern sie weisen zugleich alle Eigenschaften des im ersten Abschnitt dieses Kapitels beschriebenen »herrischen Blicks« auf.

Franklin D. Roosevelt
guter Blick

Sophia Loren
guter Blick

5. *Kurz- und Weitsichtigkeit*

Laut Siang Mien hat keine der beiden Sehstörungen irgendeine nachteilige Auswirkung auf Charakter oder Schicksal, es sei denn die betreffende Person ist zu stolz oder eitel, um eine Brille zu tragen oder ärztlichen Rat einzuholen.

Hierzu verweist Siang Mien auf eine volkstümliche Geschichte.

Zwei kurzsichtige Männer waren zu stolz, um ihre Behinderung zuzugeben. Eines Tages hörten sie, daß in einem Tempel eine Losung ausgehängt werden sollte, woraufhin sich jeder der beiden im voraus erkundigte, was sie besagen würde.

»Sieh«, rief der eine, »sie fordert zu Klarheit und Aufrichtigkeit auf.«

»Die kleine Schrift unter den großen Lettern nennt das Datum«, entgegnete der andere.

Ein Vorübergehender fragte, was sie sich anschauen würden. Als er die Antwort vernahm, rief er verwundert aus: »Aber die Losung ist noch gar nicht ausgehängt worden, wie könnt ihr sie dann lesen?«

6. *Der schläfrige Blick*

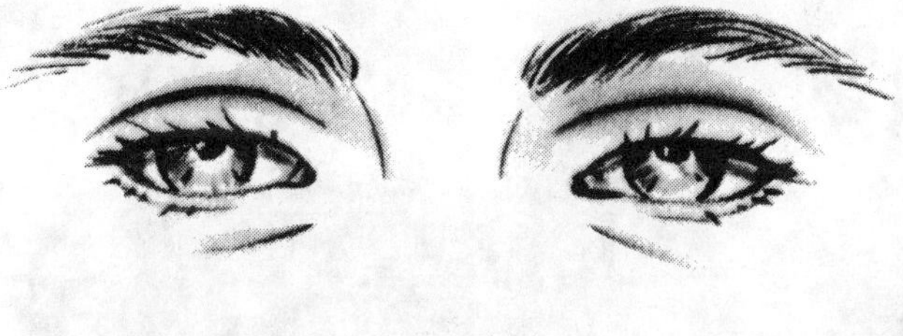

Da sich die Wachheit der Augen mit dem emotionalen Wohlbefinden ändert, wäre es beispielsweise irreführend, den Charakter eines Menschen an seinen Augen ablesen zu wollen, wenn der Betreffende in den zurückliegenden achtzehn Stunden im Flugzeug die halbe Welt umflogen hat. Der »Blick« eines solchen Menschen dürfte unschwer als schläfrig beschrieben werden.

Hat hingegen jemand regelmäßig schläfrige Augen, so ist ihm aller Wahrscheinlichkeit nach nur geringer persönlicher oder beruflicher Erfolg beschieden. Solche Menschen sind unentschlossen und desorganisiert, weshalb man es sich zweimal überlegen sollte, jemanden mit schläfrigem Blick zum Geschäfts- oder Ehepartner zu wählen.

7. *Der sinnliche Blick*

Um der Verlockung und Schönheit des Pfirsichs zu huldigen, nennen die Siang-Mien-Meister besonders ausdrucksvolle, verführerische und sinnliche Augen »Pfirsichblüten«. Sie erinnern zumeist an die Augen eines Verliebten: Sie sind strahlend, ausdrucksvoll und lokkend. Es sind die Augen eines Liebesbesessenen, der auf das andere, mitunter auch auf das eigene Geschlecht überaus anziehend wirkt. Diese glücklichen Menschen sind sich ihrer erotischen Ausstrahlung durchaus bewußt.

Marilyn Monroe
sinnlicher Blick

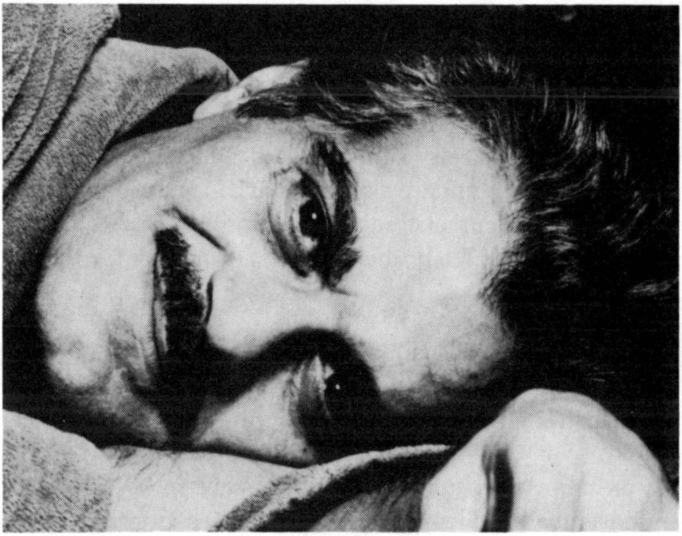

Omar Sharif
sinnlicher Blick

8. *Der besoffene Blick*

Von allen Blickarten, die Siang Mien unterscheidet, ist der besoffene Blick am ungünstigsten. Diese Augen erinnern an die eines Betrunkenen, nur daß die Betreffenden das Unglück haben, ständig mit einem solchen Blick geschlagen zu sein.

Menschen mit besoffenem Blick sind labil, unzuverlässig und ge-

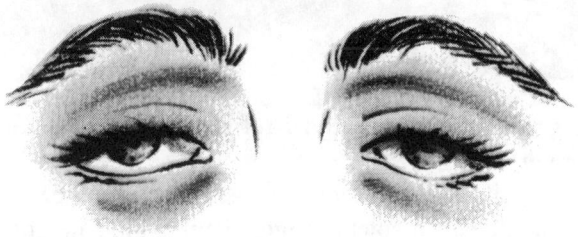

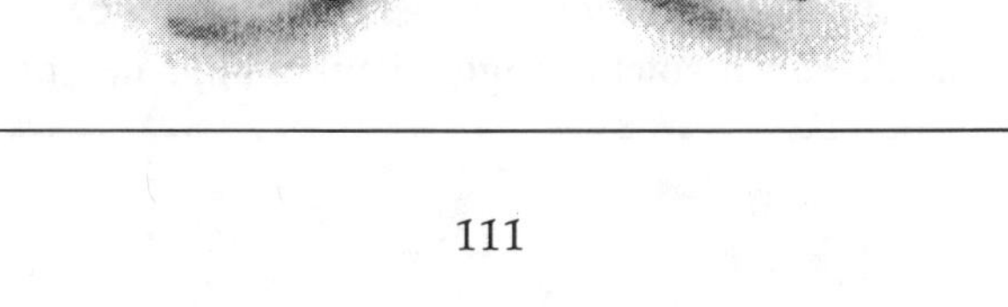

legentlich ausnutzend, doch am schlimmsten ist, daß sie sich in eine Traumwelt zurückziehen, anstatt der Realität ins Auge zu sehen. Von ihnen darf man nicht erwarten, daß sie für ihre Rechte oder die Rechte anderer kämpfen.

»Frieden um jeden Preis« ist ihre Losung, doch die Welt, in die sie sich flüchten, ist alles andere als friedlich, da sie ihrer eigenen Phantasie entspringt und zumeist unglücklicher Natur ist. Sie sind enttäuschende Freunde und Liebhaber, weil man nie das Gefühl hat, sie wirklich zu kennen.

9. Wütende und irre Blicke

Wut ist an den Augen und am Mund abzulesen. Die Augen eines Wütenden enthalten Elemente dumpfer Raserei, eisigen Funkelns,

mitunter grimmigen Zorns und häufig kalten Hasses. Gelegentlich treten sie vor.

Menschen, die stets wütende Augen haben, sollte man meiden. Viele Kriminelle haben solche Augen. Laut Siang Mien droht denen, deren Augen besonders wütend dreinblicken, zwischen dem 35. und 40. Lebensjahr ein Unglücksfall.

Seit den sechziger Jahren haben eine ganze Reihe von wütenden Männern und Frauen, die sich einer politischen Sache verschrieben haben, für Schlagzeilen gesorgt. Einige von ihnen sind echte Revolutionäre, die die Welt verändern wollen. Viele dieser Menschen haben Augen, an denen die Verachtung, Intoleranz und Wut abzulesen ist, die sie gegenüber bestimmten Regierungen und Gesellschaftssystemen und den sie tragenden Personen verspüren. Sie blicken manchmal irre, manchmal wütend drein. Beide Blicke ähneln sich sehr.

Die Siang-Mien-Meister haben den Augen eines Fanatikers nie getraut, vielmehr glauben sie, daß sein wütender oder irrer Blick eher Schrecken als Vertrauen verbreitet. Deshalb formulierten sie eine Warnung: Vertraue niemals jemandem mit wütend oder irre blickenden Augen *und* ungünstigen Augenbrauen (siehe Kapitel VI) dein oder deiner Freunde Leben, Gesundheit oder Gut an.

DIE FORMEN

Hat man erst einmal ernsthaft damit begonnen, die Gesichter seiner Mitmenschen nach der Siang-Mien-Methode zu prüfen, dann ist es keine Überraschung zu entdecken, daß es nicht nur eine Vielfalt unterschiedlicher Augentypen gibt, sondern daß zudem zahlreiche Menschen zwei verschiedene Augen haben. Diese Menschen weisen Eigenschaften beider Augentypen auf.

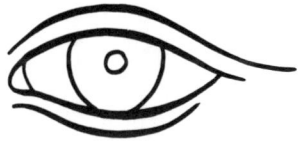

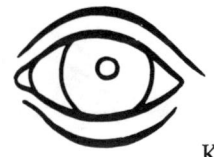

1. Rund

Drachen

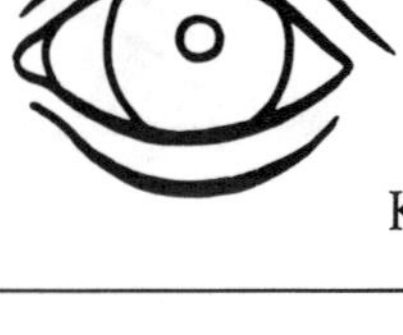

Kuh

Der Drache genießt bei den Chinesen höchste Wertschätzung und wurde von den Kaisern als persönliches Machtsymbol gewählt. So überrascht es nicht, daß die Siang-Mien-Meister Drachenaugen als die kraftvollsten und schönsten ansehen.

Drachenaugen sind groß. Sie sind länglicher als Kuhaugen, haben somit zu beiden Seiten der Iris größere Weißzonen. Sie zeigen an, daß ihr Besitzer innovativ ist und voller Ideen steckt, von denen einige gut, andere riskant und viele hoffnungslos sind. Menschen mit Drachenaugen sind umgänglich, tapfer – ohne es unbedingt zu wissen, bevor sie es zu beweisen hatten – und für gewöhnlich großzügig.

Auch Kuhaugen können anziehend sein, lassen aber auf Sturheit schließen. Sie sind kleiner als Drachenaugen und erscheinen aufgrund ihrer kompakteren Form runder als jene.

Menschen mit Kuhaugen sind offenherzig, erregen allerdings durch ihre unumwundene Art mitunter Anstoß. Kuhäugige können beim Wort genommen werden: Bei ihnen weiß man, woran man ist. Sie können hart arbeiten, und ihre Leistung läßt nur dann nach oder versiegt, wenn sie sich für eine Aufgabe nicht eignen.

2. *Rechteckig*

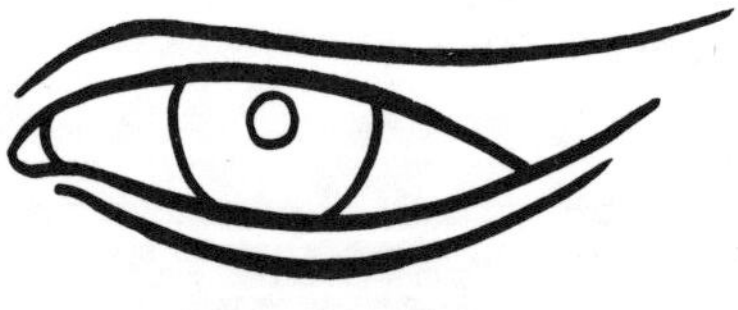

Pfau A

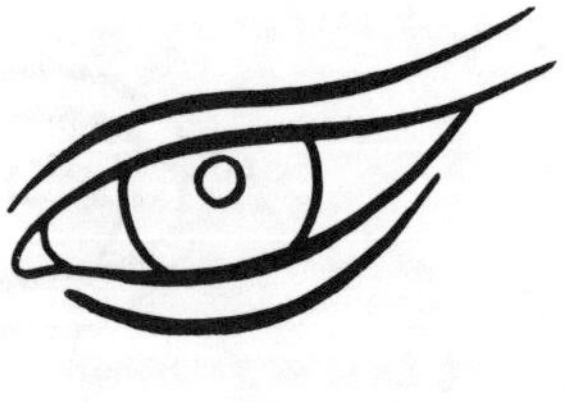

Pfau B

Im Siang-Mien-Sprachgebrauch heißen die beiden rechteckigen Augentypen Pfau A und Pfau B. Pfau-A-Augen sind länger und weniger schrägstehend als der B-Typ.

Pfau-A-äugige Menschen reagieren emotional auf Ereignisse und Situationen, die ihnen unangenehm sind oder von denen sie sich überfordert fühlen. Sie können charmant sein, doch wenn ihnen das – menschliche oder sachliche – Objekt ihrer Wünsche oder Bedürfnisse zu entgleiten droht, können sie eine lästige und enervierende Eifersucht an den Tag legen.

Weniger attraktiv sind Pfau-B-Augen, die beiderseits der Iris eine geringere Weißzone haben. Die mit ihnen einhergehenden Charaktermerkmale ähneln denen der Pfau-A-Augen, nur daß sie eine noch übersteigertere Eifersucht verraten. Sie läßt sich am besten kontrollieren, wenn man den folgenden konfuzianischen Rat beherzigt: »Nimmst du dich anstelle der Fehler anderer deiner eigenen Fehler an, so wirst du deine persönlichen Schwächen überwinden.«

3. *Eckig*

Den Begriff »eckig« werden die meisten Menschen nicht gerade schmeichelhaft finden, wenn er mit ihrem Aussehen, ihren Neigungen oder ihrer Persönlichkeit in Zusammenhang gebracht wird. Doch es besteht kein Grund, sich wegen eckiger Augen zu grämen, die laut Siang Mien anzeigen, daß ihr Besitzer über ein ausreichendes Maß

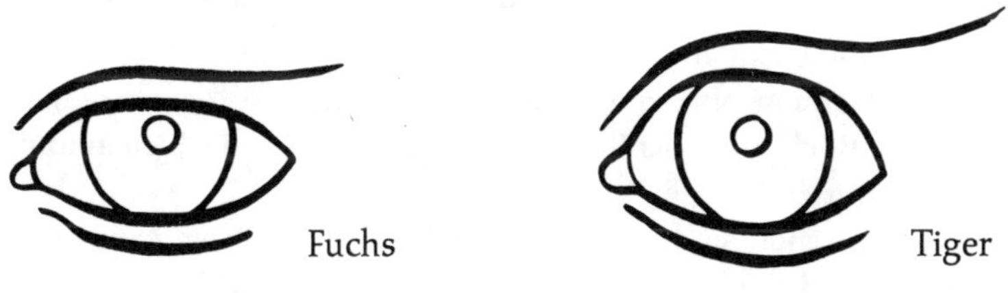

an Verstand und Intelligenz verfügt. Allerdings sind viele, die solche Augen haben, zu faul oder furchtsam, um diese Eigenschaften zum eigenen Vorteil zu nutzen.

Das Tigerauge ist, als das größere und mit großzügigeren Weißzonen ausgestattete, dem Fuchsauge überlegen. Menschen mit Tigeraugen sind vorausschauend und zielstrebig. Sie sind zudem ausdauernd und könnten gute Beamte, Kommunalangestellte oder Polizisten abgeben, denn sobald sie eine Aufgabe oder ein Problem erkannt haben, ruhen sie nicht, bis sie eine Lösung gefunden haben.

Das kleinere Fuchsauge ist ein Zeichen für angeborene Arglist und, in einigen Fällen, Unehrlichkeit. Das heißt nicht, daß einem fuchsäugigen Menschen niemals zu trauen sei, da das ganze Gesicht in Augenschein zu nehmen ist, bevor man derartige Schlußfolgerungen ziehen kann.

Der Bösewicht in zahlreichen traditionellen chinesischen Erzählungen ist ein Fuchs, der sich verstellt und alle Gutgläubigen belügt und betrügt. Das Fuchsauge gilt den Siang-Mien-Lehrern als Zeichen für Knauserigkeit, weshalb es nicht überraschen kann, daß Fuchsäugige kleinlich sind.

4. Dreieckig

Der größere der beiden dreieckigen Augentypen wird »reines Dreieck«, der kleinere »Hühnchen« genannt. Die Besitzer beider Augentypen werden – zu Recht – feststellen, daß nicht viele Menschen sie sonderlich mögen.

Menschen, deren Augen reine Dreiecksform haben, verabscheuen jeden, der sich ihnen widersetzt oder ihren Ansichten widerspricht. Viele von ihnen dulden unter gar keinen Umständen Widerrede und pflegen mit einem einzigen vernichtenden Blick – der an den verschlagenen Blick einer Krähe erinnern könnte – alle Neuankömmlinge mundtot zu machen.

Diese Menschen sind imstande, zur Erreichung ihrer Ziele andere auszunutzen oder gar zu unterdrücken. Einige Siang-Mien-Praktiker sagen, Menschen mit reinen Dreiecksaugen hätten ihre Augen am Hinterkopf, so gerissen seien sie bei der Manipulation anderer. Diese Augenform ist besonders für jemanden geeignet, der auf eine politische Karriere aus ist.

Reines Dreieck

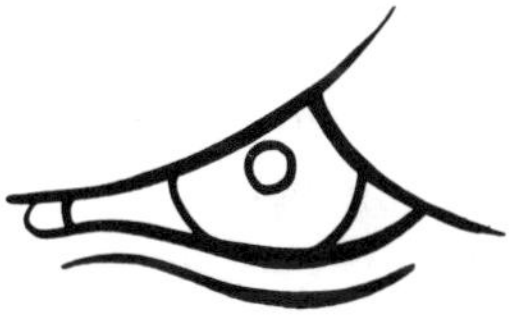

Hühnchen

Den anderen dreieckigen Augentyp, bei dem das Augenlid über das Auge hängt, nennt man »Hühnchen«.

Den Siang-Mien-Beobachtungen zufolge sind hühnchenäugige Menschen hektisch und kleinlich und verwenden entsprechend viel Zeit darauf, gleich emsigen Hennen herumzustöbern und herumzuglucken. Viele sind neugierig und aufdringlich.

---

5. *Neumondförmig*

Neumondförmige Augen sind leider weder schön noch günstig. Wer solche Augen hat, dem ist zu wünschen, daß er als Gegengewicht über andere günstige Gesichtszüge verfügt, da Neumondaugen auf noch größere Unehrlichkeit schließen lassen als Fuchsaugen.

Im allgemeinen sind Männer mit Neumondaugen bestrebt, Frauen und überhaupt jeden, den sie für unterlegen halten, zu übervorteilen. Neumondäugige Frauen neigen nicht minder dazu, ihre Mitmenschen auszunutzen; sie finden (falls sie sich trauen) Gefallen an flüchtigen sexuellen Begegnungen, gehen aber dauerhafte Beziehungen ein, sobald ein Partner sie zufriedenstellt.

Neumond

Neumond

BESONDERE ASPEKTE DER AUGEN

Neben den verschiedenen Augentypen und -formen gilt es für Siang-Mien-Praktiker eine Reihe weiterer auffallender Faktoren zu berücksichtigen, etwa die Bedeutung der Wimpern oder den Neigungswinkel der Augen im Verhältnis zum übrigen Gesicht. Wir beginnen mit der Größe der Augen.

1. *Große und kleine Augen*

Große Augen sind besser als kleine, da sie mit glücklicheren Menschen in Verbindung gebracht werden, die, wenngleich manchmal übertrieben impulsiv und leidenschaftlich, mehr Gefallen am Leben finden als Kleinäugige.

Kleine Augen verraten, daß der Betreffende gegenüber zu vielen Dingen im Leben auf der Hut ist: daß er womöglich zu reserviert oder zu berechnend ist gegenüber seiner Umwelt oder dem, was andere sagen könnten. Wer mit diesen Schwächen umzugehen lernt, vermag seine angeborene Zurückhaltung und Vorsicht abzulegen und die Erfahrung zu machen, daß persönliches Bemühen sein Los verbessert.

Luciano Pavarotti
große Augen

2. Unterschiedliche Größe, unterschiedliche Höhe

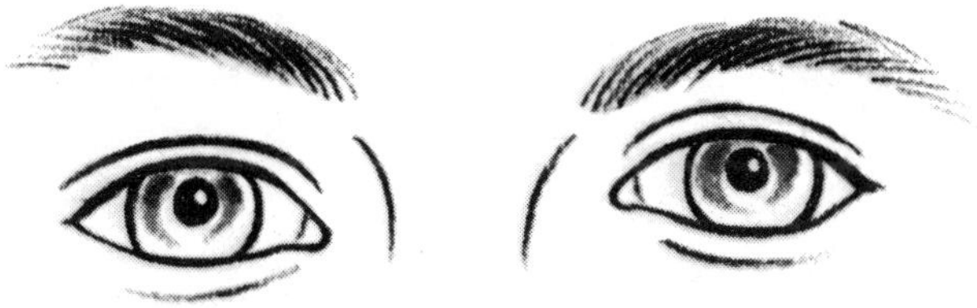

Ein Auge höher als das andere

Als die Kunst des Siang Mien entstand, nahm man an, daß alle Menschen mit verschieden großen Augen oder mit verschieden hoch sitzenden Augen oder Augenbrauen Stiefväter oder Stiefmütter haben, doch als es üblich wurde, daß Männer mehrere Frauen und Nebenfrauen haben durften, setzte sich rasch die Erkenntnis durch, daß die Millionen von Menschen mit Stiefeltern nicht allesamt derartige Augen oder Augenbrauen haben können.

Heute geht man davon aus, daß Menschen mit *verschieden großen* Augen wechselvolle Geschicke durchleben. Einige Jahre verlaufen sehr günstig, andere hingegen miserabel, und einer Wende zum Besseren geht für gewöhnlich eine Spanne von sehr mittelmäßigen Jahren voraus.

Sitzt ein Auge *höher als das andere,* so gleicht das Schicksal dieser Menschen einem emotionalen Wechselbad. Das gleiche gilt laut Siang Mien für jene, bei denen eine Augenbraue höher als die andere sitzt. Menschen mit einem dieser Merkmale oder allen beiden sind hart gegen sich selbst und muten sich mitunter Dinge zu, die ihre Kräfte übersteigen.

Anstatt Pechsträhnen oder kleinere Rückschläge abzuschütteln, wie es die meisten Menschen tun würden, überreagieren sie in der Not, lasten sich Mißgeschicke an, für die sie gar nicht verantwortlich sind, und lassen Kampfgeist vermissen, wo er am dringendsten vonnöten wäre.

Auch neigen sie in unpassenden Augenblicken zum Tagträumen. Ihr Bestreben, den Realitäten des Alltags zu entfliehen, beschert ihnen im Laufe ihres Lebens zahlreiche Krisen.

Ernest Hemingway
Augen unterschiedlicher Größe

3. *Weit auseinander oder eng zusammenliegend*

Weit auseinander liegende Augen erlauben eine vogelschaumäßige Sicht der Dinge. Diese Fähigkeit, das Leben in einem breiteren Spektrum zu sehen, eröffnet viele den meisten Menschen verwehrte Chancen, doch nicht jeder, der solche Augen hat, vermag daraus Nutzen zu ziehen.

In *Die Lustigen Weiber von Windsor* sagt Pistol:
Dann ist die Welt mein' Auster,
Die ich mit dem Schwert will öffnen.

Kapitän James Cook
weit auseinanderliegende Augen

Die frühen Siang-Mien-Meister würden sich über diese Shakespeare-Zeilen gefreut und auf eine populäre Geschichte verwiesen haben, die man sich erstmals vor mehr als 2000 Jahren in China erzählt hat und die während der turbulenten Zeit der Streitenden Reiche besonders beliebt war.

Eine Auster öffnete ihre Muschel, an der ein Vogel pickte. Dann schnappte sie blitzartig wieder zu und hielt des Vogels Schnabel gefangen.

»Wenn es nicht bald regnet, werden wir eine tote Auster haben«, sagte der Vogel.

»Wenn du dich nicht befreien kannst, werden wir einen toten Vogel haben«, entgegnete die Auster.

Ein Fischer kam des Wegs und fing sie beide.

Diese alte chinesische Parabel zeigt, wie wichtig es ist, das Beste aus seinen Möglichkeiten zu machen. Hier sind beide, Vogel und Auster, die Verlierer, weil sie ihre eigenen Grenzen nicht zu erkennen vermochten. Siang Mien rät denen, deren Augen weit auseinander liegen, ihren größeren Überblick zum eigenen Vorteil zu nutzen und die Bedeutung dessen, was sich ihren Blicken darbietet, zu erfassen.

Diejenigen, deren Augen *eng zusammenliegen,* neigen ähnlich den Kleinäugigen dazu, reserviert oder berechnend zu sein. Einige sind engstirnig; andere sind introvertiert, obgleich sie es leugnen würden oder sich dessen nicht einmal bewußt sind. Nicht wenige dieser Menschen wählen eine eher für einen Extrovertierten geeignete Laufbahn, um sich – bewußt oder unbewußt – selbst zu beweisen, daß sie mutiger und geselliger sind, als sie sich eigentlich fühlen.

Eng zusammenliegende Augen vermitteln den Eindruck von Reizbarkeit, der allerdings ganz und gar ungerechtfertigt sein kann. Weit eher sind sie ein Zeichen für die Sorge, übergangen zu werden oder nicht imstande zu sein, eine Situation zu meistern.

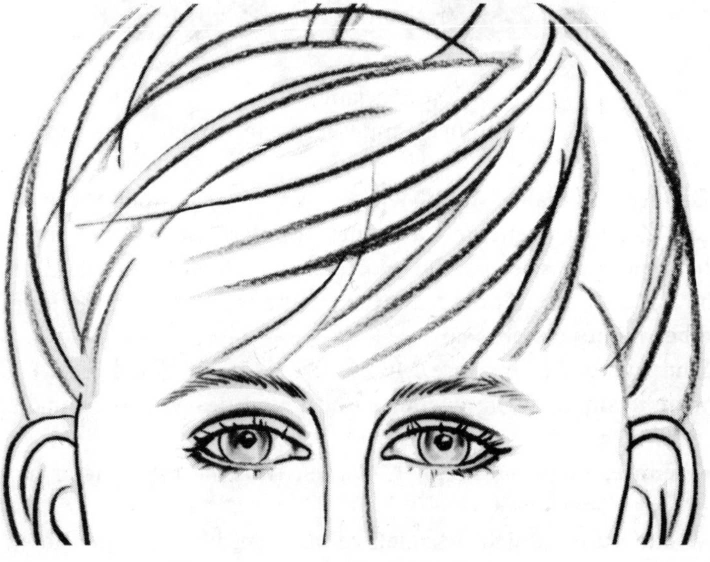

Eng zusammenliegende Augen

4. Schrägstehende Augen

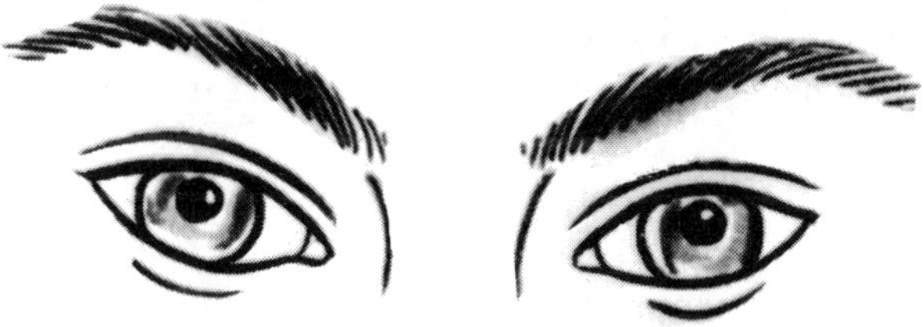

Schräg nach oben stehende Augen

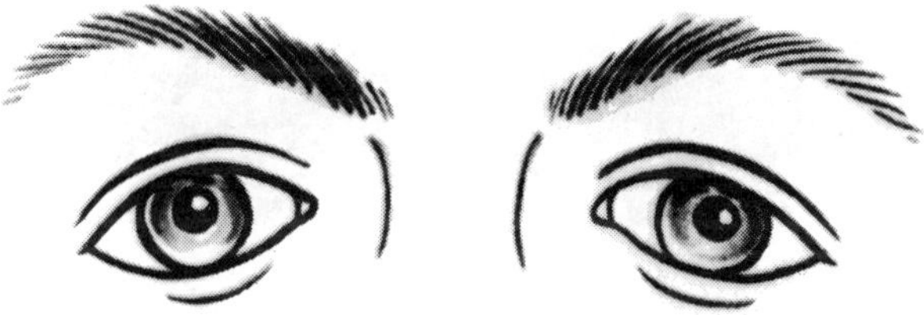

Schräg nach unten stehende Augen

Schräg nach oben stehende Augen spiegeln Stolz und Optimismus wider, wobei es sich, wenn auch die Augenbrauen aufwärts zeigen, um übersteigerten Stolz handelt.

Schräg nach unten stehende Augen sind ein Zeichen für Menschen, die sehr vorsichtig sind und sich erst umschauen und in sich gehen, bevor sie handeln. Diese Eigenschaft ist ausgeprägter, wenn auch die Augenbrauen abwärts zeigen. Viele Pessimisten haben solche Augen.

Siang Mien betont in diesem Zusammenhang die Unerläßlichkeit, gewisse offensichtlich rassische Merkmale in Rechnung zu stellen, wenn es um die Beobachtung eines Gesichts geht.

Beispielsweise haben viele Japaner von Natur aus schrägstehende Augen, was es zu bedenken gilt, bevor man entscheiden kann, ob die Augen eines bestimmten Japaners schräger stehen als die der meisten Angehörigen seiner Rasse.

5. *Tiefsitzende Augen*

Den Siang-Mien-Beobachtungen zufolge gehören tiefsitzende oder hohle Augen zu in sich gekehrten, verschlossenen oder schwer zugänglichen Menschen, die ihre Gefühle zumeist fest unter Kontrolle haben.

Siang Mien erteilt den Rat, sich vor Menschen in acht zu nehmen, deren Augen zugleich tiefsitzend und geschlitzt sind. Notfalls werden sie dem, der ihnen im Weg steht, in den Rücken fallen.

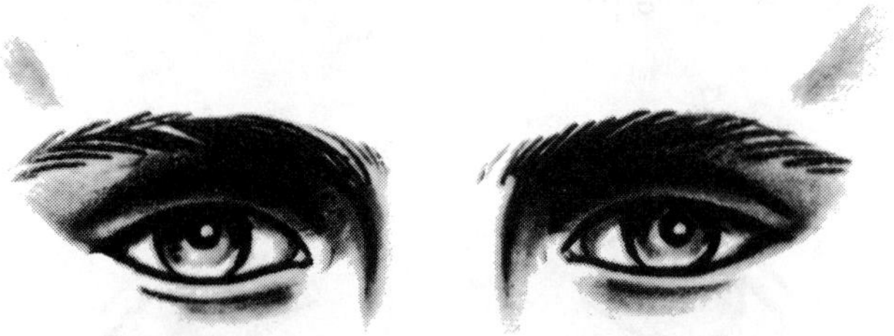

6. *Hervortretende Augen*

Wie wir im Abschnitt über die »wütenden Augen« gesehen haben, treten die Augen eines Menschen, der in Wut gerät, häufig vor. Siang-Mien-Praktiker schildern einen solchen Menschen mitunter als »derart wütend, daß ihm die Haare zu Berge stehen und die Augen hervortreten wie bei den Fischen des Gelben Flusses«.

Ständig hervortretende Augen sind laut Siang Mien ein Zeichen für Überempfindlichkeit. Diese Einschätzung trifft allerdings dann nicht unbedingt zu, wenn ein solcher Zustand das Resultat einer Gesundheitsschädigung, etwa einer Schilddrüsenerkrankung, ist.

Günstiger sind den Siang-Mien-Deutern zufolge leicht hervortretende Augen, da sie in der Regel umgängliche Menschen verraten, die sich völlig unbefangen unter Fremden zu bewegen vermögen.

Allerdings erteilt Siang Mien in Hinblick auf Menschen mit hervortretenden Augen einen allgemeinen Rat: Wenngleich sie häufig

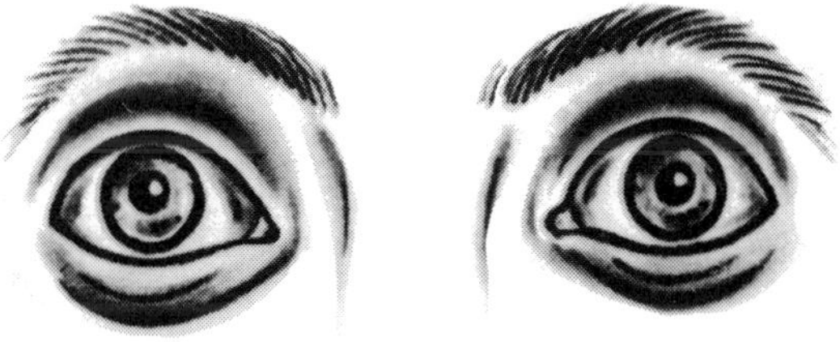

gute Gesellschaft bieten, sollte man ihnen keine Geheimnisse anvertrauen, es sei denn, man wolle sie der Öffentlichkeit preisgeben.

7. *Spitz zulaufende innere Augenwinkel; schielende Augen*

Edith Piaf
spitze innere Augenwinkel

Viele Menschen haben spitz zulaufende innere Augenwinkel. Häufig sind sie ein Hinweis auf wechselvolle Geschicke im mittleren Lebensabschnitt, die in aller Regel durch Verschwendung oder die Verkennung der vorhandenen Vermögenswerte oder Ersparnisse seitens eines Familienmitgliedes verursacht werden.

Schielende Augen

Besonders spitze innere Augenwinkel sind für Siang Mien ein Zeichen dafür, daß es den Betreffenden schwerfällt, sich zu konzentrieren. Einige neigen sogar dazu, zur unpassenden Zeit einzuschlafen.

Auch Schielenden drohen im mittleren Lebensabschnitt finanzielle Probleme. Das sollte jeder wissen, der daran denkt, sich mit einem schielenden Menschen zu verheiraten. Siang Mien geht nicht so weit, den Verzicht auf entsprechende Heiratspläne nahezulegen, rät jedoch, das folgende chinesische Sprichwort zu beherzigen: »Ein großes Vermögen beruht auf Glück, ein kleines auf Fleiß.« Sollten der oder die Auserwählte anderer Meinung sein, so sollte man tunlichst davon Abstand nehmen, ihnen die Kontrolle über den familiären Geldbeutel zu überlassen.

8. *Wimpern*

»Augen können ihre eigenen Wimpern nicht sehen.« Die Bedeutung dieser – unbestreitbaren – Siang-Mien-Feststellung liegt in der Implikation, daß Menschen ihre eigenen Fehler nicht zu sehen vermögen.

Die Tatsache, daß *lange Wimpern* in China selten vorkommen, hat die frühen Siang-Mien-Meister und ihre Schüler nicht daran gehindert, sie wegen ihrer Schönheit zu bewundern, zugleich aber anzu-

Claudia Cardinale
nach oben gebogene
Wimpern

merken, daß sie zwar attraktiv, nicht aber uneingeschränkt für gut zu befinden sind, da sie häufig das Gesicht eines Menschen schmücken, der sich von seinen Gefühlen leiten läßt.

Wie die meisten Chinesen verabscheuen die Siang-Mien-Meister und ihre Schüler die öffentliche Zurschaustellung intimer Gefühle, einschließlich der Bezeugung von Liebe oder Zuneigung; wie in der Vergangenheit wird auch heute noch jederzeit die strikte Kontrolle des eigenen Verhaltens in Gegenwart anderer erwartet.

Sehr kräftige Wimpern verstärken eine etwa vorhandene emotionale Instabilität noch, während *sehr feine Wimpern* eine eher kühle Disposition erwarten lassen, die jedoch in Temperamentsausbrüche umschlagen kann, sobald die betreffende Person in Erregung gerät.

Wimpern, die sich *ringeln* oder ohne kosmetische Hilfe *nach oben biegen*, signalisieren Optimismus oder Leidenschaftlichkeit.

9. Augenlider

Obwohl einfache Augenlider bei Chinesen üblicher sind als bei den meisten anderen Rassen, sieht Siang Mien doppelte Lider als überlegen an.

Einfache Augenlider können als Warnung gelten, daß ihr Besitzer kaltherzig oder gar frigide ist, und werden mit Menschen in Verbindung gebracht, denen es schwerfällt, dauernde Freundschaften zu schließen.

Seit Jahrhunderten haben sich die Japaner für Siang Mien interes-

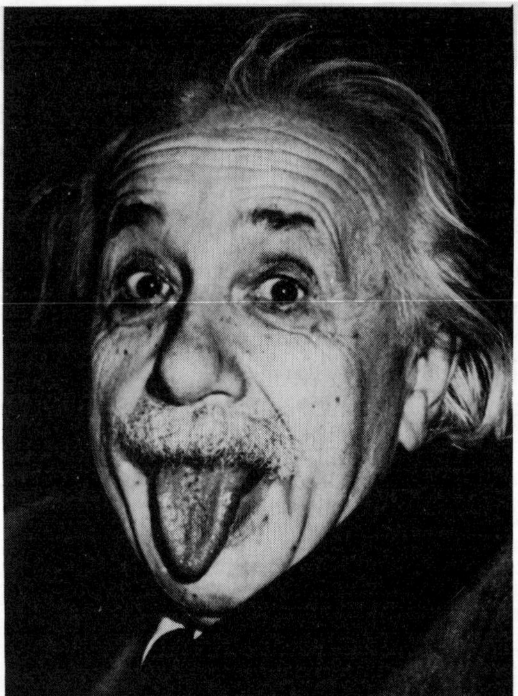

Albert Einstein
Eine schöne Zunge, doch hier kommt es auf die doppelten Augenlider an

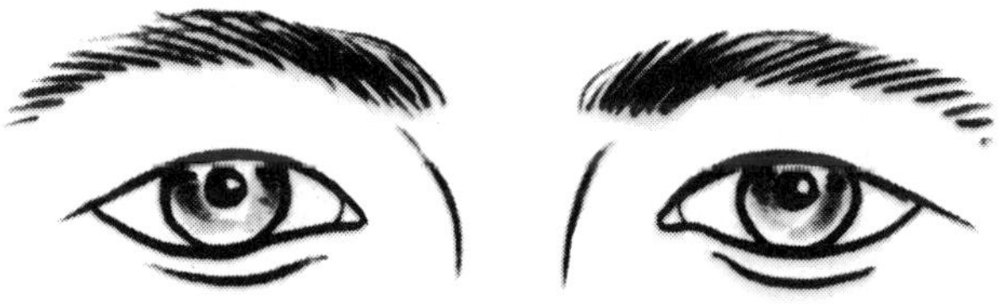

Einfache Augenlider

siert, und es ist reizvoll, über das Verlangen, ja die Manie von Millionen japanischen Frauen nachzusinnen, ihre Augenlider einem Eingriff zu unterziehen, um einfache Lider in doppelte zu verwandeln. Den japanischen Männern hingegen macht es offenbar nichts aus, mit einfachen Lidern durchs Leben zu gehen.

AUGENFARBEN

Schwarz ist schön. Dieser Ausspruch ist keine für die Chinesen neue Idee des 20. Jahrhunderts, sondern dahinter steht die alte Siang-Mien-Erkenntnis, daß schwarze Augen gleichbedeutend mit Weitblick, Entschlußkraft und einem hohen Intelligenzgrad sind.

Machen wir – das heißt diejenigen unter uns mit dunkelbraunen Augen – uns nichts vor. Unsere Augen mögen inmitten der Nacht oder an einem trüben Tag schwarz aussehen, doch die Probe gilt es am hellichten Tag zu machen, und dann bleiben nur wenige übrig, die zweifelsfrei und dauerhaft schwarze Augen haben.

Dunkelbraune Augen sind hellbraunen überlegen. Sie signalisieren Loyalität gegenüber der Familie, zuerst als Sohn oder Tochter, später als Vater oder Mutter, die notfalls um ihrer Kinder willen zu Opfern bereit sind.

Hellbraune Augen werden mit der Fähigkeit in Verbindung gebracht, sich ohne Schaden aus unglücklichen oder unergiebigen Beziehungen zurückzuziehen. Menschen mit dieser Augenfarbe können nicht unbedingt als liebevoll bezeichnet werden. Sie mögen in Notwehr und im eigenen Interesse handeln, doch sie lassen eine Reihe von gebrochenen Menschen hinter sich, ohne oftmals zu wissen, wieviel Verzweiflung und Schmerz sie verursacht haben.

Tief saphirblaue, leuchtend smaragdgrüne, hell malvenfarbene oder graue Augen sind Zeichen für einen regen Verstand. *Hellblaue, grüne, haselnußbraune, graue oder malvenfarbene* Augen sind um nichts schlechter, doch Menschen mit blaßfarbenen Augen werden aller Wahrscheinlichkeit nach härter zu arbeiten und auf innere Kraftreserven zurückzugreifen haben, um überdurchschnittlichen Erfolg zu erzielen.

Blaßfarbene, von gelblichem »Weiß« umgebene Augen deuten auf mäßig begabte, zur Melancholie neigende Menschen hin. Sind die graufarbenen Augen eines jungen Menschen von einem *Kranz grauer Flecken* umgeben, so ist das als Warnung vor Gesundheitsproblemen und Pech im mittleren Alter zu nehmen.

Das »Weiß« der Augen vermittelt Siang-Mien-Kundigen wertvolle Informationen.

Die meisten Augen haben zwei Weißzonen: je eine links und rechts der Iris. Weit mehr allerdings verraten Augen mit drei oder vier Weißzonen.

Haben Augen drei Weißzonen, so befinden sich diese beiderseits der Iris sowie entweder über oder unter ihr. Siang Mien rät von engen Freundschaften mit Menschen, deren Augen drei Weißzonen haben, ab.

Im Westen spricht man bei gegebenem Anlaß davon, »ein Auge zuzudrücken«; die Chinesen haben eine nicht minder anschauliche Formulierung. Gegen jemanden »ein weißes Auge richten« bedeutet, ihn hinter seinem Rücken herabzusetzen und zu kritisieren.

Befindet sich die dritte Weißzone *über der Iris,* so handelt es sich um überempfindliche, leicht gekränkte, egozentrische und in erregtem Zustand zu Grobheiten neigende Menschen.

Befindet sich die dritte Weißzone *unter der Iris,* so sind die Betreffenden gleichfalls überempfindlich und neigen zur Befangenheit, sind dabei aber liebenswerter als jene, bei denen diese Weißzone über der Iris liegt.

Im Falle von *vier Weißzonen* liegt die Iris wie eine Insel inmitten eines weißen Meeres. Menschen mit solchen Augen sind schwerlich zu ignorieren. Sie neigen dazu, verletzend zu reagieren, sobald ihnen jemand lästig fällt; zugleich sind sie intelligent, entschlossen, zielstrebig und zur Führung von Menschen gut geeignet – verfügen also über jene Eigenschaften, mit denen tüchtige Manager ausgestattet sein sollten. Doch Menschen mit vier Weißzonen sind selten, weshalb in viele Spitzenpositionen die falschen Leute aufrücken – ein trauriges Kapitel für Industrie und Handel überall in der Welt.

Wer Augen mit drei oder vier Weißzonen hat, ist anfällig für Un-

Zwei Weißzonen

Drei Weißzonen, eine davon über der Iris

Drei Weißzonen, eine davon unter der Iris

Vier Weißzonen

glücksfälle und sollte auf seine Gesundheit und eine ausgeglichene Lebensführung achten. Mit diesem Hinweis will Siang Mien den Betreffenden nicht etwa den Rat erteilen, sie sollten auf die angenehmen Seiten des Lebens verzichten oder Gesundheitsfanatiker werden. Wichtiger ist, daß sie ihre Fähigkeiten nutzen, sich dabei aber stets bewußt sind, daß sie ausweislich ihrer Augen in mancher Hinsicht ungewöhnliche Menschen sind.

Flecken kleiner roter Pünktchen
im Augenweiß

Rote Striche über oder in der Iris

Die Siang-Mien-Meister fügen eine Anmerkung bezüglich der Weißzonen von Kinderaugen hinzu. Nehmen sie eine *bläuliche* Färbung an, so kann das als Zeichen dafür gewertet werden, daß sich das betreffende Kind vor irgend etwas fürchtet oder ängstigt, ohne es zeigen zu wollen.

Ein Wort noch zu *roten* Augen: Sie haben Siang-Mien-Beobachter seit Jahrhunderten fasziniert.

Auffällig rote Augen zeigen an, daß es sich um einen leicht erregbaren Menschen handelt, der aller Wahrscheinlichkeit nach ein starkes, oft unbefriedigtes sexuelles Verlangen verspürt. Manchmal treten rote Augen vorübergehend auf, wenn man zu fett gegessen hat.

Flecken kleiner roter Pünktchen im Augenweiß sind ein zuverlässiger Hinweis auf eine beginnende sexuelle Manie.

Verlaufen *rote Striche* über oder in der Iris, so sollte das als Signal dafür genommen werden, daß man zu hart arbeitet und daß es zu Übermüdung, Unachtsamkeit und der Gefahr eines ernsten Unfalls oder Gebrechens führt, wenn man sich selbst zu viel abverlangt.

Auch *trübe oder gelbliche* Weißzonen sollten als ein Zeichen für Überanstrengung genommen werden. Wer klug ist, der lege eine Pause ein, sobald sich eine solche Verfärbung zeigt, mahnt Siang Mien und fügt den provozierenden Gedanken hinzu, daß niemand, nicht einmal ein Kaiser, unersetzlich ist, für wie unverzichtbar man sich auch immer halten mag.

KAPITEL VIII

DIE NASE

Fragt man einen Chinesen, was für ihn »Glück« bedeute, so wird er antworten, dazu gehörten Gesundheit, gutes Essen, die Zuneigung der Familie und der Respekt der Jungen, wenn man alt ist. Und nicht zuletzt das liebe Geld – möglichst viel davon.

Wie wir in Kapitel V über die »Acht Regionen« sahen, regiert die Nase den Reichtum eines Menschen. Gelegentlich bedienen sich die Siang-Mien-Meister der Formulierung, jemandem »von Nase zu Nase« anstatt »von Angesicht zu Angesicht gegenüberstehen«. Und eine Siang-Mien-Spruchweisheit lautet: »Kribbelt die Nase, so bist du versucht, dich betören zu lassen oder Geld auszugeben.«

Kribbelt die Nase besonders heftig, so muß das nicht unbedingt heißen, daß man beiden Versuchungen erliegt, doch in ihrer anschaulichen Art sagen die Chinesen: »Wollen die Finger kratzen, so gesellt sich der Daumen dazu.« Mit anderen Worten, es verursacht nahezu sicher Kosten, wenn man eines anderen Charme erliegt.

Die frühen Siang-Mien-Meister unterschieden eine Vielzahl von Nasenformen, wobei sie bestimmten wesentlichen Bestandteilen, etwa den Nasenlöchern, besondere Beachtung schenkten. Über jene, die sich unbefugt in die Angelegenheiten ihrer Mitmenschen einmischen, heißt es im chinesischen Volksmund: »Eine Nase mit drei Nasenlöchern läßt zuviel Luft ab.«

Wenig Freude haben diejenigen, deren Nase stets oder häufig rot ist, denn eine nicht minder geläufige Redensart lautet: »Ein rotnasiger Mann muß kein Trinker sein, man wird ihn aber stets so nennen.«

Es gilt sich zu vergegenwärtigen, daß sich die Nase – wie die Augen und der Mund – mitunter von Rasse zu Rasse unterscheidet.

Beispielsweise haben die australischen Ureinwohner breite, platte Nasen und die Südchinesen plattere als ihre nordchinesischen Landsleute. Deshalb muß man bei der Anwendung der Siang-Mien-Lehre stets auf rassische Merkmale achten. Man sollte sich vergewissern, ob die Ausmaße der in Augenschein genommenen Nase von denen einer typischen Nase dieser Rasse abweichen.

---

1. *Die ideale Nase*

Die beste Nase für Geld hat eine breite Wurzel, eine mäßige Länge, eine runde Spitze und fleischige Nasenflügel. Die Nasenlöcher sollten in der Frontalsicht nicht zu sehen sein.

Eine *sehr runde, fleischige Spitze* zeigt an, daß ihr Besitzer mit seinem

Charly Chaplin
eine gute Nase, um Geld zu machen

Geld haushält, es sicher anlegt und mitunter dazu neigt, es zu horten. Laut Siang Mien bringen runde Nasenspitzen ihren Besitzern Glück; diese glücklichen Menschen sind zudem künstlerisch begabt und vertrauenswürdig.

Eine wahrhaft gute Nase fürs Geldmachen hat nicht nur eine runde und fleischige Spitze, sondern zugleich wohlverborgene Nasenlöcher.

2. *Gebogene Nase*

Solange nicht ein anderes Gesichtsmerkmal besonders ungünstig ist, bedeutet eine gebogene Nase Glück im Leben. Je höher der Bogen, desto größer das zu erwartende Glück.

William Wyler
gebogene Nase als Zeichen für Glück

3. Gerade Nase

Eine gerade Nase wird mit klarem Denken in Verbindung gebracht. Den Siang-Mien-Beobachtungen zufolge sind Menschen mit einer geraden Nase und einer *dünnen Nasenspitze, sichtbaren Nasenlöchern und einer guten Stirn* (glatt, gerundet, breit und hoch) für Spitzenpositionen und jegliche Aufgaben, die Zuverlässigkeit erfordern, besonders geeignet.

Raquel Welsh
gerade Nase

4. Höckrige Nasen

Siang Mien unterscheidet zwei Arten von höckrigen Nasen.

Die eine ist als Römer- oder Hakennase bekannt, wenngleich sie bei den alten Siang-Mien-Meistern gelegentlich unter der Bezeich-

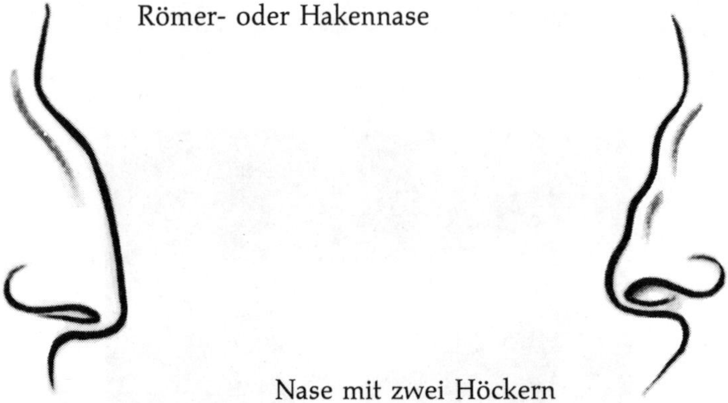

nung *Gesimsnase* auftritt. Eine solche Nase ist wünschenswert, nicht nur, weil ihre Besitzer mit dem eigenen Geld umzugehen wissen, sondern auch, weil keiner weiß, wieviel Geld sie ihr eigen nennen.

Wer eine *ein- oder mehrhöckrige* Nase hat, muß sich, insbesondere im mittleren Alter, auf finanzielle Sorgen gefaßt machen. Allerdings raten die Siang-Mien-Meister diesen Menschen, hart zu arbeiten. Auf diese Weise, so betonen sie, lassen sich die meisten finanziellen oder sonstigen Probleme überwinden, obgleich es dazu auch einer gehörigen Portion Glück bedarf.

---

5. Spitze Nasen

Die Siang-Mien-Meister unterscheiden zwei Arten von spitzen Nasen. Der *abwärts zeigenden* Nase haben sie keinen Namen gegeben, doch man könnte sie – in Anspielung auf unser Überschall-Zeitalter – gut »Concorde-Nase« nennen.

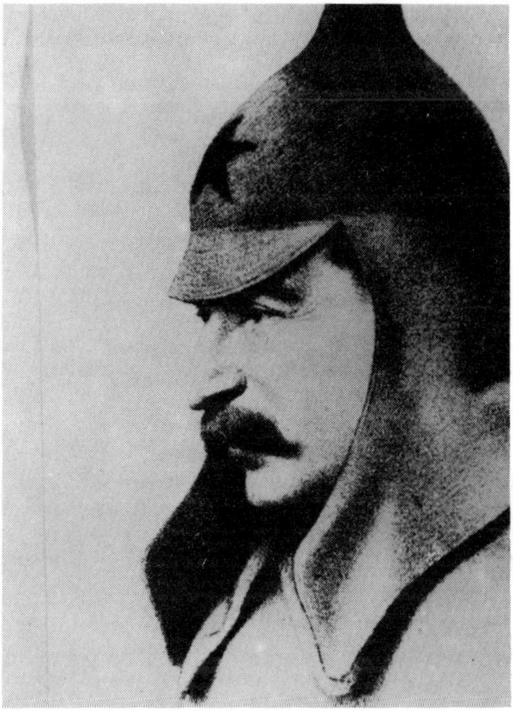

Josef Stalin
abwärts zeigende Nase

Die Concorde-Nase verrät einen unterkühlten Charakter, der um so kälter ist, je stärker die Nase nach unten weist. Dazu eine Siang-Mien-Warnung: Eine *extrem abwärts zeigende* Nase bedeutet, daß ihr Besitzer als Freund unzuverlässig ist.

Die zweite spitz zulaufende Nase ist die *Adler*nase; sie ist ein Zeichen für Grausamkeit.

»Meide Menschen, die eine Adlernase, ein pockennarbiges Gesicht und keine Barthaare haben«, warnen die Chinesen. Und Siang Mien fügt eine weitere Warnung hinzu: Solange es Adlernasigen nicht gelingt, ihre grausamen Regungen zu überwinden, sind sie im Alter zur Einsamkeit verdammt.

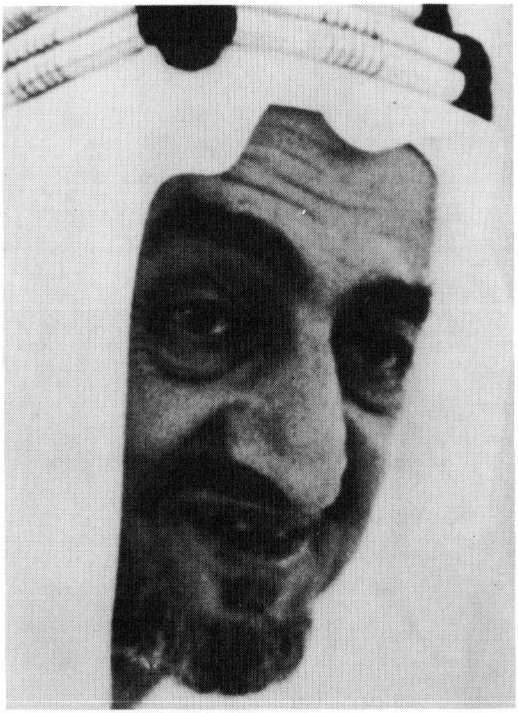

König Faisal
Adlernase

6. *Krumme Nasen*

Krumme Nasen werden von Siang Mien dem in Kapitel III beschriebenen unregelmäßigen Gesicht zugeordnet.

Eine krumme oder schiefe Nase läßt den Siang-Mien-Meistern zufolge auf einen labilen und gefühlsbetonten Charakter schließen. Dabei kommt es auf die Nasenspitze an: Ist die *Spitze* einer krummen Nase *rund,* so kann das als Zeichen für Selbstsucht genommen werden, läuft sie hingegen *spitz zu,* so ist das ein Symptom für Gehässigkeit und die Neigung, seine Mitmenschen zum eigenen Vorteil auszunutzen.

Es ist eine weitverbreitete Siang-Mien-Ansicht, daß ein Mensch mit einer krummen Nase unlautere Absichten hat. Einer weiteren

Ansicht zufolge, die reichlich mysteriös klingt, aber zweifellos auf Siang-Mien-Beobachtungen beruht, sind schiefnasige Menschen, die in einer gebirgigen Gegend aufgewachsen sind, weniger labil, gefühlsbetont und selbstsüchtig als solche, die ihre Kindheit anderswo verlebten.

Krumme Nase mit spitz zulaufender Nasenspitze

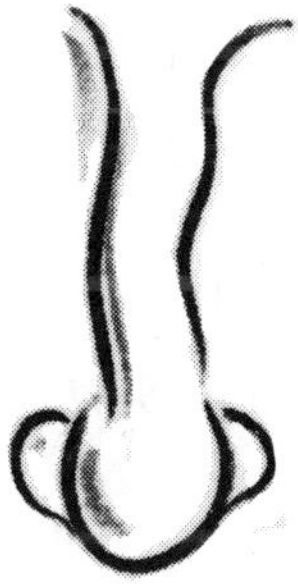

Krumme Nase mit runder Spitze

7. Lange und kurze Nasen

Lange Nasen sind ein Zeichen für Starrsinn und Eigendünkel, die im übertriebenen Fall zu Unglück und zum Verlust von Freundschaften führen können. Einige Siang-Mien-Meister haben die Beobachtung gemacht, daß Menschen mit einer *langen Nase und großen Nasenlöchern* kleinlich und egoistisch sind und nicht zum engsten Freundeskreis gerechnet werden sollten.

Lange Nase und große Nasenlöcher

Kurze Nase

Eine kurze Nase wird von Siang Mien mit Perioden finanzieller Anspannung und nachlassenden Glücks im mittleren Lebensabschnitt in Verbindung gebracht.

8. *Hohe und platte Nasen*

Eine hohe Nase zählt laut Siang Mien zu den wünschenswerten Merkmalen, da sie anzeigt, daß der Betreffende weniger Geldprobleme als die meisten seiner Mitmenschen hat.

Ist eine hohe Nase allerdings zugleich *lang und schmal,* so kann das als Zeichen dafür gelten, daß ihr Besitzer Schwierigkeiten hat, mit seinem Geld hauszuhalten. Kommt noch eine *enge Nasenwurzel* hinzu, so sollte sich der Betreffende auf einen zwischen dem 40. und 45. Lebensjahr eintretenden Vermögensrückgang gefaßt machen, kann aber in der Folgezeit mit einer allgemeinen Besserung rechnen.

Menschen mit einer *hohen Nase und einem schmalen, vorstehenden Nasenbein* fürchten sich kaum vor der Einsamkeit, ja sehnen sie mitunter

Woody Allen
hohe Nase

Greta Garbo
hohe, schmale Nase
und vorstehender
Nasenrücken

herbei, wenn ihr Seelenfrieden bedroht ist. Es kostet sie größere Anstrengung als die meisten, eine Ehe aufrechtzuerhalten.

Platte Nasen sind ein Hinweis auf persönliche Probleme in der Mitte der Vierziger, deren Ursache in einigen Fällen finanzielle Ver-

Platte Nase

luste sind. Da jedoch die meisten Plattnasigen eher bescheidenen Verhältnissen entstammen, dürften sie bis zu ihrem 40. Lebensjahr längst gelernt haben, mit ihrem Geld sparsam umzugehen.

»Ein trockener Finger kann kein Salz nehmen«, mit dieser chinesischen Redensart pflegen die Siang-Mien-Meister den Umstand zu umschreiben, daß es Menschen mit platter Nase schwerfällt, ein Vermögen anzuhäufen.

9. *Kindliche Nase*

Die meisten Menschen assoziieren mit dieser Nase mit ihren sichtbaren Nasenlöchern Verwegenheit und Schläue. Den Siang-Mien-Beobachtungen zufolge handelt es sich allerdings um keine sonderlich günstige Nase, da sie Launenhaftigkeit, Unreife und, wenn es eine Aufgabe zu bewältigen gilt, einen Mangel an Ausdauer oder Konzentration anzeigt. Nicht selten beruht dieser Mangel an Willenskraft auf einem schlichten Tatbestand: Was den Betreffenden nicht gefällt, tun sie nicht.

10. Schmale Nasenlöcher

Nicht alle schmalen Nasenlöcher werden von Siang Mien als ungünstig beurteilt. Sind sie von vorn *sichtbar,* so handelt es sich um einen recht waghalsigen Menschen, der in seinem Leben ein oder zwei beträchtliche Risiken einzugehen vermag. Zu viele Risiken sind allerdings unklug, warnen die Siang-Mien-Meister, zumal für alle diejenigen mit schmalen Nasenlöchern, die Spielernaturen sind.

»Bist du dem Spiel verfallen«, so raten sie ihren Schülern, »dann bereite dich auf den Tag vor, an dem du dein Haus wirst verkaufen müssen.«

Wie adlerförmige Nasen sind auch schmale Nasenlöcher ein Hinweis auf Einsamkeit gegen Ende des mittleren Lebensabschnitts und im Alter. In einigen Fällen stellt sie sich ein, weil die Kinder das Haus verlassen haben und selten zurückkehren. In anderen Fällen sind Freunde gestorben oder melden sich nicht länger, weil sie den Eindruck gewonnen haben, jener Mensch mit schmalen Nasenlöchern habe sich verändert.

Angesichts dieser Aussichten können Menschen mit schmalen Nasenlöchern oder Adlernase, sofern sie jung genug und bereit sind, sich zu ändern, durch das Bemühen um ein besseres Verständnis ihrer Mitmenschen versuchen, der drohenden Einsamkeit vorzubeugen.

Derjenige nämlich, so mahnen die Siang-Mien-Meister, »der seinen Mitmenschen nicht über den Weg traut, wird finden, daß auch ihm niemand Vertrauen schenkt«. Dem sei noch eine weitere chinesi-

Napoleon Bonaparte
schmale, von vorn sichtbare
Nasenlöcher

sche Spruchweisheit hinzugefügt: »Bist du älter, so brauchst du ein Jahr, um einen Freund zu gewinnen, aber eine Stunde, um ihn wieder zu verlieren.« Also schätze deine Freunde.

---

11. *Dicke und dünne Nasen*

Je voller und fleischiger die Nasenflügel eines Menschen sind, einen um so günstigeren Verlauf nehmen seine Geschicke.

Wer sehr schmale oder eingefallene Nasenflügel hat, den kostet es

Mutter Teresa
dicke Nase als Zeichen für
geistigen Reichtum

größere Anstrengungen als die meisten seiner Mitmenschen, erfolgreich eine Ehe zu führen.

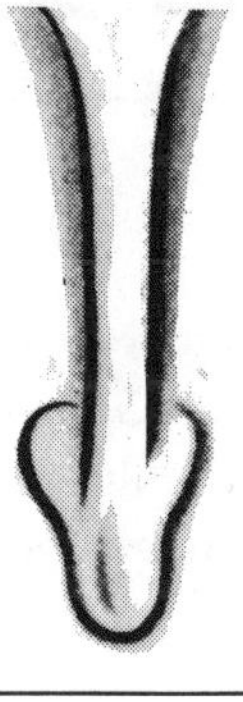

Dünne Nase
und eingefallene
Nasenflügel

Eines der Probleme, die das Eheleben dünnasiger Menschen belasten, ist das liebe Geld, dieser Vergifter so mancher guten Beziehung. Allen denen, die mit diesem Problem zu tun haben, geben die Siang-Mien-Meister die folgenden Sinnsprüche der alten Chinesen mit auf den Weg: »Wer weiß, daß er genug hat, ist reich.« Und: »Es ist schwerer, ohne Klagen arm, als ohne Hochmut reich zu sein.«

Aristoteles Onassis dicke Nase als Zeichen für weltlichen Reichtum

12. Das Niesen

Es spielt keine Rolle, ob dein Niesen einer Erkältung, einem Heuschnupfen, Staub, schlechtem Geruch oder einer Katze beim Haarwechsel geschuldet ist. Die Chinesen – allerdings nicht unbedingt alle Siang-Mien-Praktiker – haben eine einhellige Erklärung: Jemand spricht über dich!

KAPITEL IX

DER MUND

Der Mund ist der Teil des Gesichts, der uns den größten Ärger bereiten kann, und es gibt eine ganze Reihe von Siang-Mien-Sprüchen, die uns sagen, wie vorsichtig wir sein sollten.

* Vieles Ungemach rührt daher, daß man den Mund aufmacht.

* Hat ein Wort erst deine Lippen verlassen, so vermag das schnellste Pferd es nicht einzuholen.

* Sein Mund ist Honig, sein Herz ein Schwert.

* Eine scharfe Zunge kann Haus und Land zugrunde richten.

Letztere Mahnung erteilte Konfuzius seinen Schülern, nicht ohne hinzuzufügen: »Ich wünschte, ich käme ohne Sprechen aus.« Wäre sein Wunsch in Erfüllung gegangen, so wären der Welt einige seiner berühmtesten Aussprüche vorenthalten worden.

Tatsache ist, daß Konfuzius niemals beim Essen oder im Bett sprach. Er nahm weder Speisen zu sich, die einen schlechten Atem hätten verursachen können, noch solche, die zu lange oder zu kurz gekocht waren, nicht der Jahreszeit entsprachen oder unreif waren.

Indem sie Form und Größe des Mundes prüften und den Worten lauschten, die er artikulierte, vermochten Konfuzius und die Begründer der Siang-Mien-Lehre zu ermessen, wieviel Vertrauen sie in einen Menschen würden setzen können. Will man etwas über den Mund eines bestimmten Menschen erfahren, so gilt es eine ganze Reihe von Merkmalen zu beachten.

1. *Der ideale Mund*

Dein Mund ist groß, das bringt dir Glück
Denn auch die Mundwinkel strahlen Glück zurück.

In der Tat ist der ideale Mund, wie dieser Siang-Mien-Vers besagt, groß. Er sollte nicht nur groß sein, sondern klare, scharf umrissene Konturen und ansteigende Mundwinkel haben. Jede Lippe sollte gut einen halben Zentimeter breit sein, und die Linie, an der sich beide Lippen berühren, sollte *gerade sein* und *horizontal verlaufen.*

Je gerader diese horizontale Linie ist, desto eher kann darauf vertraut werden, daß es sich um Menschen handelt, die ihre Versprechen halten. Allerdings rät ihnen Siang Mien: Eure Mitmenschen erwarten von euch, daß ihr eure Versprechen haltet, also enttäuscht sie nicht.

Der ideale Mund weckt Vertrauen, weshalb seine Besitzer leichter zu ihren Mitmenschen Zugang finden als diejenigen, deren Mund weniger günstig ist. Wer einen idealen Mund hat, darf einen angemessenen Lebensstandard erwarten.

Wer Siang Mien praktiziert, wird feststellen, daß Menschen mit *großem Mund* Probleme schneller vergessen als solche mit kleinem Mund; sie sind Notlagen besser gewachsen. Menschen mit *kleinem Mund* hingegen neigen weniger dazu, ihre Mitmenschen um Hilfe oder Rat zu bitten; sie ziehen es häufig vor, ein Problem zu unterdrücken.

Für Menschen mit kleinem Mund gibt es allerdings einen gewissen Ausgleich. Laut Siang Mien sind kleinmundige Frauen bei der Liebe leichter zufriedenzustellen als solche mit großem Mund. Das gilt insbesondere dann, wenn sie zugleich kurze Finger haben; eine Ausnahme bilden berggesichtige Frauen (siehe Kapitel III).

Auch kleinmundige Männer brauchen sich wegen ihrer Mundform nicht zu grämen, da sie den Siang-Mien-Beobachtungen zufolge einfühlsame und anziehende Liebhaber sind oder sein könnten.

Wie bereits erwähnt, hält Siang Mien einen guten halben Zentimeter für die ideale Lippenbreite. Breitere Lippen sind ein Zeichen für Sinnlichkeit. Allerdings ist daran zu erinnern, daß für zahlreiche Rassen und Stämme dicke Lippen typisch sind, was es zu berücksichtigen gilt, wenn man ihnen gegenüber das Siang-Mien-Verfahren anwendet. Das gleiche gilt für *rote Lippen,* die laut Siang Mien ein weiteres Indiz für Sinnlichkeit sind. Bei Rassen mit *braunen oder schwarzen Lippen* kommen der Form und Größe des Mundes größere Bedeutung zu, desgleichen der Schärfe, mit der sich die Konturen des Mundes vom übrigen Gesicht abheben; ein großer, deutlich konturierter Mund ist ein Zeichen für Leidenschaftlichkeit.

Barbra Streisand
idealer Mund

2. *Dickere Oberlippe*

Gegenüber Menschen, deren Oberlippe dicker als die Unterlippe ist, sollte man Vorsicht walten lassen, da dieses Merkmal laut Siang Mien ein Zeichen für Unaufrichtigkeit ist.

Einige Menschen mit diesem Mundtyp werden aus Gesundheitsgründen oder weil sie durch einen Mitmenschen, ein Erlebnis oder

Lektüre davon überzeugt wurden, daß Fleisch ungesund sei, zu Vegetariern. Wer von ihnen hingegen einer gemischten Kost zuspricht, ist in der Regel ein größerer Fleischfreund als die Mehrzahl seiner Mitmenschen, was die Siang-Mien-Meister dazu veranlaßt hat, diese Menschen wohlwollend als »Fleischfresser« zu bezeichnen.

Es ist in China seit Jahrhunderten Sitte, Fleisch in mundgerechten Stücken zu servieren, da große Schweine- oder Rindfleischstücke, auf einer Platte angerichtet, als unansehnlich betrachtet werden. Mit der Erfindung der Eßstäbchen wurde es leichter, die kleinen Fleischstückchen zum Munde zu führen, und zweifellos trug der Einfluß feinschmeckerischer »Fleischfresser« vergangener Jahrhunderte dazu bei, diese Stäbchen populär zu machen.

Viele Menschen, die eine dickere Ober- als Unterlippe haben, sind schlagfertige und gewandte Redner.

3. *Dickere Unterlippe*

Noel Coward
dickere Unterlippe

Während Menschen mit einer dickeren Oberlippe unaufrichtig sein können, dürfte es auch denen mit einer dickeren Unterlippe gelegentlich schwerfallen, Vertrauen zu erwecken. Das gilt insbesondere für diejenigen unter ihnen, die *verschlagene, glanzlose oder wäßrige Augen* haben.

Wer sich dieser Unzulänglichkeiten bewußt ist, der kann sich seine angeborene Redegewandtheit zunutze machen, indem er seine Mitmenschen zu unterhalten sucht. Das mag im rein persönlichen Rahmen auf Partys oder bei sonstigen privaten Anlässen geschehen, doch es ist unübersehbar, daß viele berufsmäßige Künstler und Entertainer diesen Mundtyp besitzen.

4. Fliehende Unterlippe

Wer eine fliehende Unterlippe hat, kann nicht auf die Hilfe Außenstehender bauen. Konfuzius formulierte eine treffliche Verhaltensregel, die für diese enttäuschende Erkenntnis entschädigen soll: »Edle Menschen suchen, wonach es ihnen verlangt, in sich selbst, mittelmäßige Menschen suchen es bei den anderen.«

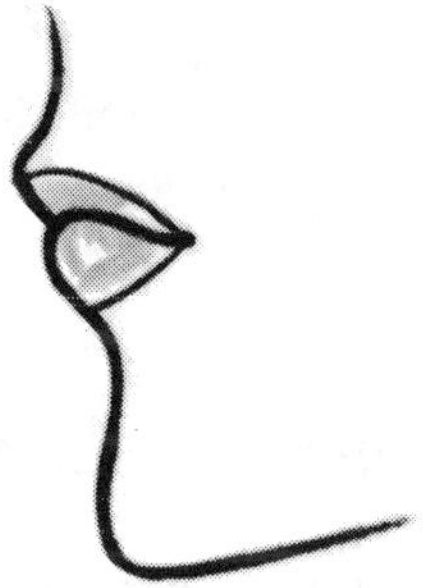

Fliehende Unterlippe

5. Dicke Lippen; außerordentlich dünne Lippen

Dicklippige Menschen sind eher sinnlich und gefühlsbetont als Menschen mit dünnen Lippen. Unter Siang-Mien-Praktikern besteht allgemein der Eindruck, daß diejenigen, deren Mundform an ein *gleichschenkliges Dreieck* erinnert und die zugleich dicke Lippen haben, besonders anfällig für Gefühlsschwankungen sind.

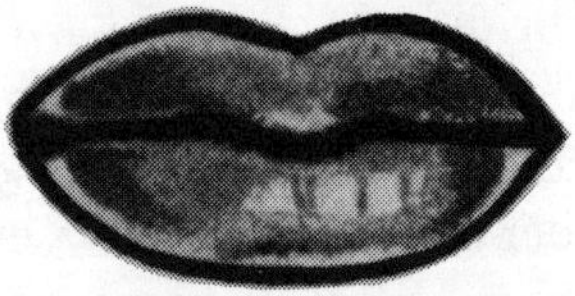

Dicke Lippen

Extrem dünne Lippen sind ein Zeichen für Brutalität und mitunter gar Sadismus. Wie zu erwarten, sind diese Menschen selbstsüchtig und gefühlskalt. Alle diese unattraktiven Züge werden gemildert, wenn die *Nasenspitze rund* anstatt spitz zulaufend ist.

Extrem dünne Lippen

Den Siang-Mien-Beobachtungen zufolge ist dieser Mund zugleich ein Zeichen für übertrieben penible Eßgewohnheiten und eine allgemeine Scheu vor der Erprobung neuer Speisen.

---

6. Gewellte Linie zwischen den Lippen

Ist die Berührungslinie zwischen Ober- und Unterlippe gewellt, so handelt es sich um einen wortgewandten Menschen, der, dazu aufgefordert, vor einer öffentlichen Versammlung zu sprechen, einen guten Redner abgeben würde. Doch nicht einmal ein solches begnadetes Mundwerk vermag jederzeit finanzielle Sicherheit zu garantieren.

Abgesehen von dieser finanziellen Einschränkung sind Menschen mit diesem Mund zuverlässiger als die meisten ihrer Mitmenschen; in ihrer Gegenwart darf man sich sicher fühlen.

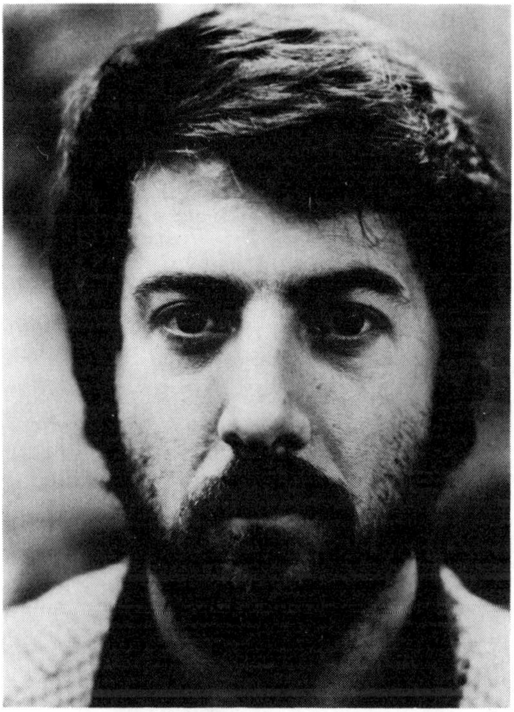

Dustin Hoffman
gewellte Linie zwischen den Lippen

7. *Vorstehende Zähne und sichtbares Zahnfleisch*

Die frühen Siang-Mien-Meister waren sich über die Bedeutung vorstehender Zähne oder eines beim Lachen sichtbar werdenden Zahnfleisches nicht einig. Noch heute gibt es zwei divergierende Deutungen. Auch wenn sie sich widersprechen, enthält doch jede eine klare Botschaft.

Ein solcher Mund verrät entweder einen sehr großzügigen oder einen sehr kleinlichen Menschen. Siang Mien beschränkt sich darauf, zwei bedenkenswerte Aussagen hinzuzufügen:

Übertriebene Großzügigkeit erregt den Verdacht, sich Wohlwollen und Lob erkaufen zu wollen.

Kleinlichkeit hingegen beschwört einen unglücklichen Lebensabend herauf.

8. *Die Mundwinkel*

Andrej Gromyko
herabhängende Mundwinkel

Herabhängende Mundwinkel sind ein Zeichen für Überempfindlichkeit, Pessimismus und, schlimmstenfalls, Spielverderberei. *Erschlafft*

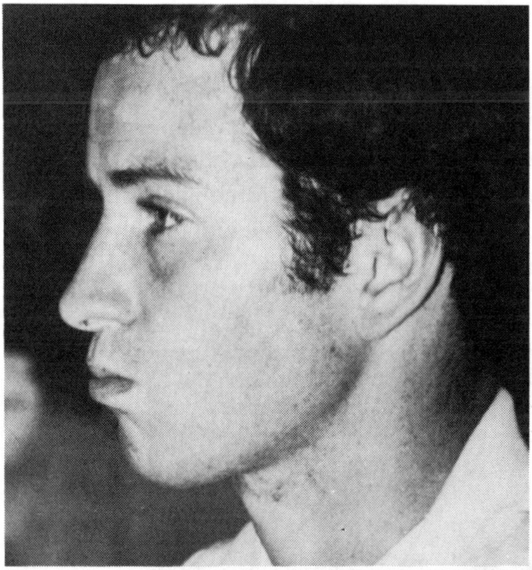
John McEnroe
Schmollmund

Mick Jagger
ansteigende Mundwinkel

ein Mund, ohne sich rasch zu erholen, so steht eine schwierige Periode voller neuer oder ungelöster Probleme bevor, deren Überwindung Jahre dauern kann. Ein *Schmoll*mund verrät, daß sein Besitzer gekränkt ist.

Wie zu erwarten, spiegeln *ansteigende* Mundwinkel Glücklichkeit und Optimismus wider. Selbstverständlich durchleben auch diese Menschen mitunter trübsinnige Zeiten, doch sie wollen ihr Leben leben, und je mehr Vergnügen sie ihm abgewinnen können, desto besser.

Muammar al Gaddafi
Grübchen neben den Mundwinkeln

Die Siang-Mien-Meister erinnern daran, daß »mit dem Glück auch Regheit in unsere Herzen einzieht und daß dem Glücklichen keine Stunde schlägt«. Und sie fügen eine weitere Erkenntnis hinzu: »Der

Zufriedene ist auch in Armut glücklich. Der Unzufriedene ist auch im Reichtum betrübt.«

Es gibt Münder, deren *Mundwinkel in Grübchen übergehen.* Für Siang Mien steht fest, daß es sich hier um Menschen mit einem Minderwertigkeitskomplex handelt, obgleich der ungeübte Beobachter dieses Merkmal als ein Zeichen für Aggressivität, Ungeduld oder Hochmut ansehen mag – alles Hinweise auf ein Persönlichkeitsproblem.

9. Schiefer Mund

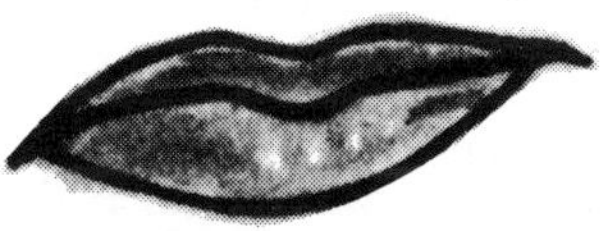

Die folgende chinesische Geschichte legt Siang Mien jedem ans Herz, unabhängig davon, ob er selbst einen schiefen Mund hat oder jemanden mit einem solchen Mund kennt.

Auf der Jagd nach einer Mahlzeit fing ein Tiger einen Fuchs.

»Du darfst mich nicht fressen«, sagte der Fuchs mit einem listigen, falschen Lächeln. »Der Herr des Himmels hat mich zum König der Tiere ernannt. Frißt du mich, so mißachtest du seine Anordnungen. Wenn du mir nicht glaubst, so folge mir. Du wirst sehen, daß alle anderen Tiere bei meinem Anblick davonlaufen.«

Der Tiger willigte ein, ließ den Fuchs laufen und folgte ihm in den Wald. Als die Tiere des Waldes sie kommen sahen, ergriffen sie umgehend die Flucht. Der Tiger aber merkte nicht, daß er es war, vor dem sie flohen, sondern glaubte, es sei der Fuchs, der ihnen Furcht einflöße.

Ein schiefer Mund gilt den Siang-Mien-Meistern als Symbol für Unredlichkeit und Hinterlist, doch nicht alle Menschen mit schiefem Mund besitzen die angeborene Schläue des Fuchses. Ist ein Mund infolge einer Krankheit schief, so hat keiner der genannten Faktoren Gültigkeit.

10. *Zähne*

Die Zunge ist weich und bleibt.

Die Zähne sind hart und fallen aus.

Dieser einprägsame chinesische Ausspruch sagt alles; nichts hingegen über Charakter, Schicksal oder Persönlichkeit kann von einem künstlichen Gebiß abgelesen werden. Dazu bedarf es der echten Zähne.

Zähne sind nicht leicht zu deuten, nicht einmal für Siang-Mien-Meister, da persönliche und nationale Eßgewohnheiten beträchtliche Unterschiede aufweisen und gewisse Nahrungsmittel die Zähne des Menschen zerstören können. Wer häufig Knochen abnagt, harte, zähe Bonbons kaut oder im Schlaf mit den Zähnen mahlt, muß damit rechnen, daß sie brechen oder sich abnutzen, wodurch es für Siang-Mien-Beobachter schwierig wird, die von Natur aus schlechten von den zerstörten oder die echten von den falschen Zähnen zu unterscheiden. Dank der modernen Zahnheilkunde kann man nie sicher sein, ob Zähne nicht mit einer Krone versehen und dadurch gegenüber ihrem ursprünglichen Zustand verbessert wurden.

Gute Zähne sind eher *groß* als *klein.* Lange Zähne bedeuten langes Leben.

Cathérine Deneuve – gute Zähne

François Mitterand
Lücken zwischen den Zähnen

Gut angeordnete, gleichmäßig geformte Zähne, die *frei von größeren Schäden* bleiben (etwa Fäulnis oder Verfärbung), zeigen an, daß die Betreffenden schneller lernen als die meisten ihrer Mitmenschen. Diese Eigenschaft ist noch ausgeprägter bei denen, die zugleich eine *gute Stirn* haben (hoch, leicht gewölbt, breit und tief).

Mit der westlichen Vorstellung, daß *Lücken* zwischen den Zähnen Geld bedeuten, stimmen die Siang-Mien-Meister nicht überein. Sie sind im Gegenteil der Meinung, daß gut angeordnete Zähne größeren Reichtum versprechen als lückenhafte.

Ungeachtet dessen, wie »gut« – nach Siang-Mien-Maßstäben – ein Gesicht ist, sind Zähne *allzu unterschiedlicher Größe* dem Glück eines Menschen abträglich. Sind zum Beispiel die *beiden oberen mittleren*

Verschieden große Zähne

Schneidezähne besonders groß, so ist ihr Besitzer übermäßig verstockt. Sollte einer von ihnen im Erwachsenenalter *ausfallen,* so nehmen die Geschicke des betreffenden Menschen für die Dauer eines Jahres einen schlechten Verlauf.

Diejenigen, bei denen sich obere und untere Zähne *nach innen neigen,* sind den Siang-Mien-Beobachtungen zufolge unstet und unberechenbar.

Dicke, elfenbeinfarbene Zähne sind in der Regel ein Zeichen für leicht reizbare Menschen, während *dünne und sehr weiße* Zähne einen unbeständigen Freund verraten.

Die letzte Bemerkung über Zähne gebührt dem Thema Schönheit. Die Menschen sind nie völlig desinteressiert, wenn es um ihr Aussehen geht, und am allerwenigsten waren es die Kaiser und Kaiserinnen des alten China.

Um 190 v. Chr. hatte die wegen ihrer Grausamkeit berüchtigte Kaiserin Lu gerade die Lieblingskonkubine des verstorbenen Kaisers zu einem furchtbaren Tod verurteilt, als eine Botschaft des Hunnenkönigs eintraf, der um die Hand der Kaiserin anhielt. In ihrer Antwort dankte diese für des Königs Interesse, um sodann die Gründe aufzuzählen, die sie an einer Erwiderung seiner Zuneigung hinderten.

»Ich leide unter Atemnot, ich hinke und meine Haare und Zähne fallen aus.« Sie sandte dem Hunnenkönig zwei kaiserliche Kutschen und acht Pferde als Geschenk, um ihn sich fürderhin vom Halse zu halten. Noch heute sind die Zähne für die Chinesen wie für die meisten Nichtchinesen Gegenstand der Wertschätzung und des Stolzes.

11. *Die drei Jen-chungs*

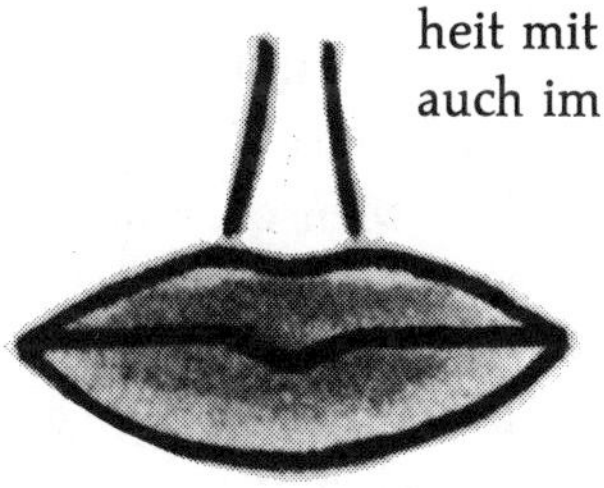

Wessen Jen-chung die nebenstehende Form hat, der durchlebt laut Siang Mien eine unruhige Kindheit mit Perioden voller Konflikte und Zweifel, die auch im Erwachsenenalter noch lebendig sind.

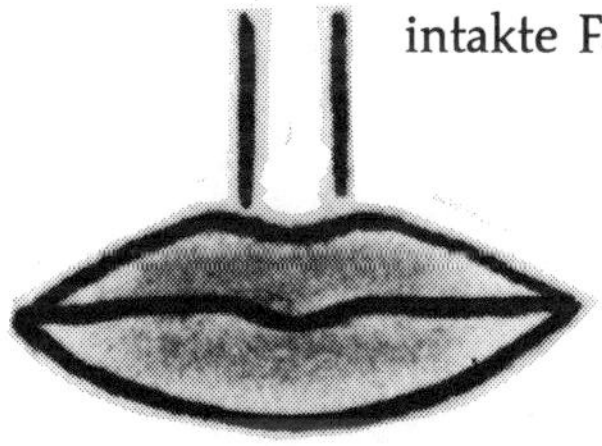

Die parallel laufenden Falten dieses Jen-chungs sind Zeichen für ein langes Leben, einen festen und entschlossenen Charakter und die Fähigkeit, eine intakte Familientradition zu pflegen.

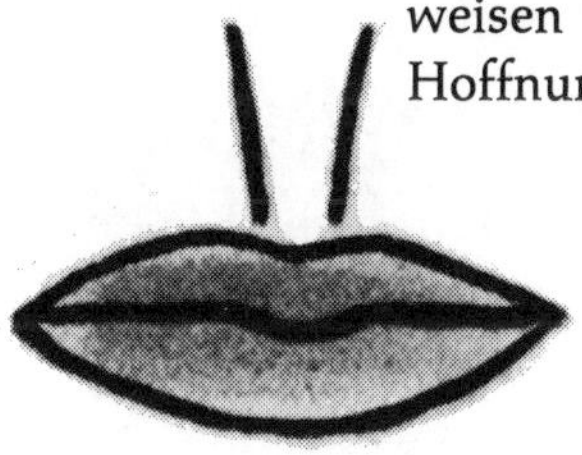

Dieses Jen-chung zeigt die Neigung an, das Leben mit zunehmendem Alter immer schwieriger und problematischer zu finden. Frühere Versprechen erweisen sich als schwer einzuhalten, und einige Hoffnungen erfüllen sich nie.

Jen-chung ist der chinesische Name für die zwischen der Mitte der Oberlippe und der Nasenspitze verlaufende Furche.

Ist sie lang, so winkt ihrem Besitzer ein langes Leben. Die frühen Siang-Mien-Meister vertraten die Ansicht, daß eine Länge von zweieinhalb Zentimetern etwa hundert Lebensjahre bedeuten würde, und noch heute halten einige Siang-Mien-Schüler daran fest, daß das Jen-chung – gleichsam als Faustregel – anzeigt, ob jemand hundert Jahre alt wird. Ob allerdings das Lebensalter eines Menschen in direktem Verhältnis zur Länge seines Jen-chungs steht, ist mehr als zweifelhaft.

In jüngerer Zeit entstand die Theorie, daß sich am Jen-chung gewisse Siang-Mien-Aussagen über persönliches Glück und Familienbeziehungen ablesen lassen.

KAPITEL X

DAS OHR

Im Südwesten Chinas lebte im Jahre 220 v. Chr. ein Mann namens Liu Pei. Zu jener Zeit war das Land in die sogenannten Streitenden Reiche zerrissen, die sich beiderseits des großen Jangtse-Flusses erstreckten. Auf seine Abkunft von der königlichen Familie der Han verweisend, gründete Liu Pei eine neue Dynastie und bereitete seine Gefolgsleute auf einen Krieg vor.

Dieser Liu Pei hat die Siang-Mien-Deuter seit Jahrhunderten fasziniert, da er in dem Ruf stand, gewaltige, elefantengleiche Ohren zu haben, die ihm bis zu den Schultern reichten.

Niemand weiß, ob es sich dabei um eine Übertreibung gehandelt hat, doch ein ideales Ohr, so sagen die Siang-Mien-Meister, sollte groß und ziemlich weich sein.

Die ersten über Siang Mien geschriebenen Bücher enthielten Abbildungen von Menschen, deren Ohren nicht nur bis zu den Schultern, sondern bis auf den Boden reichten. Nahezu alle diese Bücher wurden im Verlauf der turbulenten chinesischen Geschichte, in dem es immer wieder zu Plünderungen und Brandschatzungen von Palästen und deren mit kostbaren Werken gefüllten Bibliotheken kam, vernichtet, doch Schriftsteller aus der Ming-Dynastie verweisen auf solche Schilderungen extrem langer Idealohren.

Die Ohren sind für die Zeit zwischen Geburt und dem 14. Lebensjahr bestimmend. An dem noch zahlreiche Veränderungen und Entwicklungen durchmachenden Gesicht eines Heranwachsenden kann Siang Mien nicht zuverlässig ausgeübt werden, so daß die Ohren die verläßlichste Informationsquelle für jenes Alter sind. Generationen von Meistern und Schülern der Siang-Mien-Lehre haben eine Reihe von bedeutenden Erkenntnissen über das Ohr zusammengetragen, darunter auch einen Hinweis auf das Verhältnis zwischen den Ohrläppchen und der Libido eines Menschen.

1. *Größe und Lage*

Noch heute halten die Massai in Kenia an ihrem Brauch fest, sich Metallgewichte, Glasperlen oder Holzscheiben an die Ohrläppchen zu hängen, die auf diese Weise eine Länge von bis zu zehn Zentimetern erreichen.

Siang Mien betrachtet *große* Ohren nach wie vor als die besten. Al-

Papst Johannes Paul II.
gut proportionierte, große Ohren

lerdings sind sie dann nicht vorteilhaft, wenn sie im Mißverhältnis zur Größe des Gesichts stehen. *Große Ohren in Verbindung mit einem kleinen Gesicht* weisen auf einen Mangel an geistiger Substanz und einen oberflächlichen Charakter hin. Allerdings handelt es sich um glückliche Menschen, die in ihrer Umgebung auf Sympathie und Hilfsbereitschaft stoßen. Trotz dieser Unterstützung und der sich daraus eröffnenden Chancen tun sich Menschen mit großen Ohren und kleinem Gesicht schwer, Einfluß zu erringen und zu behalten.

Kleine Ohren sind für Siang-Mien-Beobachter ein Hinweis auf hart arbeitende Menschen, die unfähig sind, sich auf die Hilfe anderer zu verlassen. Obwohl sie ehrgeizig sind, kann zwischen dem, was sie wollen, und dem, was sie zu erreichen vermögen, infolge ihres Mangels an Vertrauen eine Kluft entstehen.

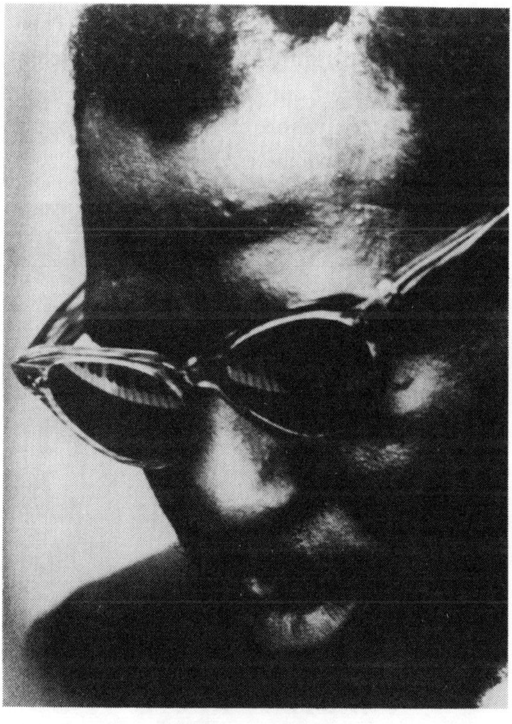

Thelonius Monk
kleine Ohren

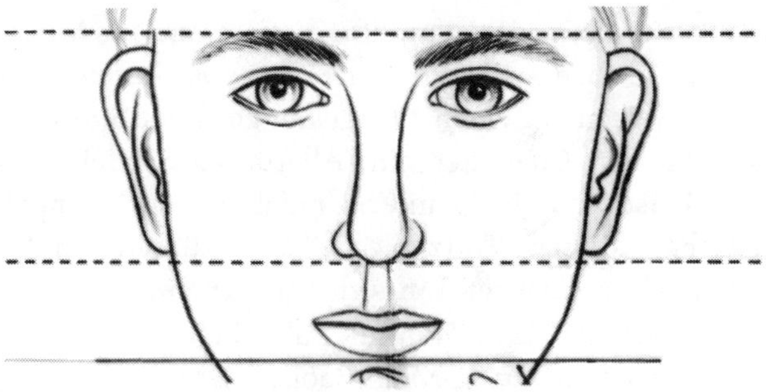

Die Ohren sollten zwischen
den beiden Linien liegen

Um festzustellen, ob die Ohren eines bestimmten Menschen eine gute Lage haben, zieht man am einfachsten in Gedanken zwei parallele Linien, die in Höhe der Augenbrauen und der Nasenspitze horizontal durch das Gesicht verlaufen. Um ein gutes Schicksal erwarten zu dürfen, sollten die Ohren zur Gänze zwischen diesen beiden Linien liegen; viele Menschen werden überrascht sein zu sehen, daß ihre Ohren entweder zu hoch oder zu tief sitzen.

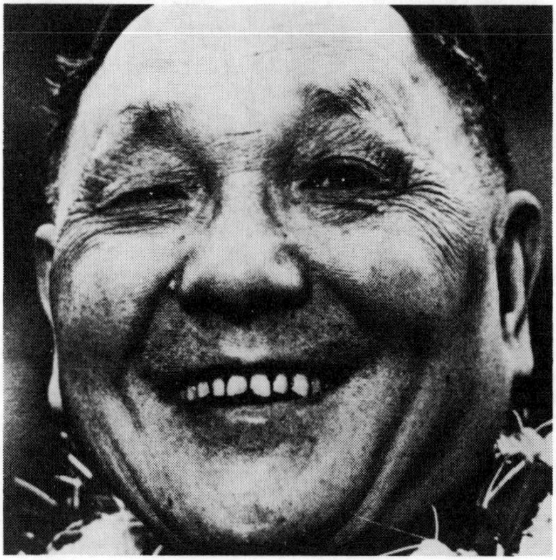

Deng Xiaoping
tiefsitzende Ohren

Die Aussichten, vor dem 30. Lebensjahr berühmt zu werden, erhöhen sich, wenn die Ohren *über die Augenbrauen-Linie hinausreichen,* was allerdings keine Garantie für die Dauerhaftigkeit von Glück und Wohlstand ist. Wer auf Ruhm und Erfolg hofft, nehme sich zu Herzen, was Konfuzius diesbezüglich zu sagen hatte: »Den Weisen betrübt nicht die Tatsache, daß niemand ihn kennt; ihn betrübt vielmehr sein eigenes Unvermögen.«

Menschen mit *tiefsitzenden* Ohren erreichen die Mehrzahl ihrer Ziele zumeist erst spät im Leben. In welchem Umfang dies der Fall ist, verrät die untere Gesichtspartie, insbesondere das Kinn (siehe Kapitel XII).

2. Form

Ohren sollten *flach anliegen,* was als Hinweis auf ein gutes Schicksal und stabile Familienverhältnisse gilt. In China glaubt man, daß ein Mensch, dessen Ohren so flach anliegen, daß kein Finger mehr hinter ihnen Platz hat, über achtzig Jahre alt wird.

Viele Menschen haben *abstehende* Ohren. Wie gering auch immer der Grad ihres Abstehens sein mag, diese Ohren zeigen an, daß ihr Besitzer auf innere Kraft- und Leistungsreserven zurückzugreifen hat, um im Leben voranzukommen.

Ideale Ohren sollen den Siang-Mien-Meistern zufolge nicht nur flach anliegen, sondern auch *rund* sein. Runde Ohren sind ein Zeichen für Wohlstand und Güte, während *eckige* Ohren – die Siang Mien gleichfalls als wünschenswert erachtet – dazu beitragen, eines Menschen Reichtum und Intelligenz zu mehren.

Menschen mit *langen* Ohren helfen instinktiv nur dem, der Hilfe verdient, und werden unruhig, wenn jemand sie auszunutzen versucht.

Ohren, die – am unteren, besonders aber am oberen Rand – *spitz zulaufen,* sagen Siang-Mien-Kundigen, daß es sich um überaus sture und in ihrem Tun im allgemeinen überaus effiziente und gewissenhafte Menschen handelt.

Dicke Ohren sind besser als *dünne:* Sie bringen Glück, während

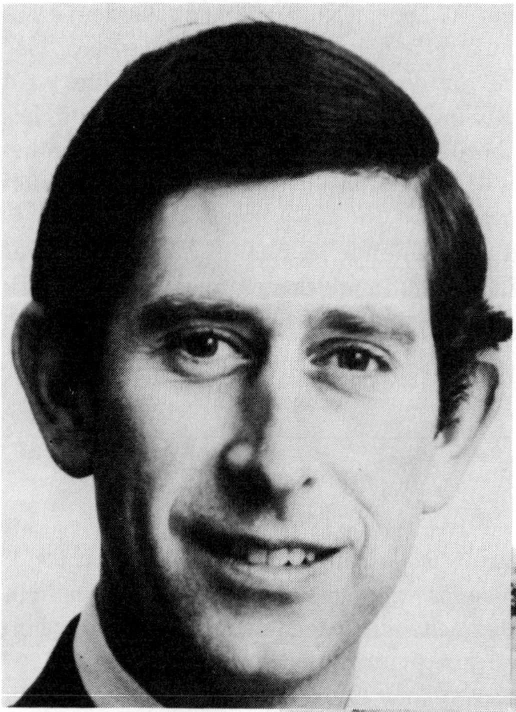

Prinz Charles

Abstehende Ohren

Mahatma Gandhi

Laurel und Hardy
abstehende Ohren

dünne Ohren mit Gebrechlichkeit und Perioden nur mäßiger Gesundheit in Verbindung gebracht werden.

Sind die Ohren *oben auffallend breiter* als unten, so wissen Siang-Mien-Praktiker, daß es sich um einen Menschen mit überragenden Fähigkeiten auf einem bestimmten Gebiet handelt.

Rundes Ohr

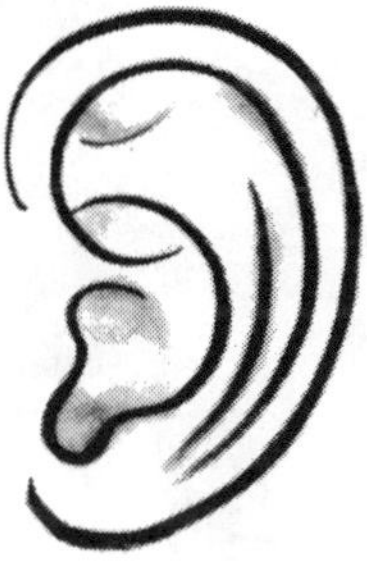

Eckiges Ohr

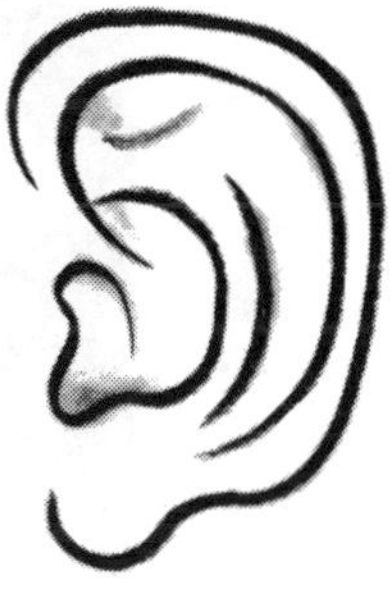

Louis Armstrong
dicke Ohren

Buster Keaton
Ohren oben auffallend
breiter als unten

Lange Ohren

Spitzes Ohr

3. *Äußerer und innerer Ohrbogen*

Siang Mien unterteilt das Ohr in je einen sichtbaren äußeren und inneren Ohrbogen. Wer mit großen, wohlgeformten Ohren (rund, glatt, weich, dick) und gut ausgebildetem inneren und äußeren Ohrbogen gesegnet ist, vermag die meisten Vorhaben, an die er sein Herz hängt, zum Erfolg zu führen.

Menschen, bei denen die inneren Bögen über die äußeren hinausragen, sind besonders ausdauernd und bringen alle Vorhaben, Programme oder Aufgaben, die sie sich vorgenommen haben, zum Abschluß.

Sind die Ohren verhältnismäßig groß, haben aber einen nur mäßig ausgebildeten (oder gegenüber dem äußeren tieferliegenden oder zurücktretenden) inneren Bogen, so sollten die Betreffenden nicht damit rechnen, auf der beruflichen Leiter sonderlich hoch zu steigen, es sei denn ihre Stirn ist so günstig (rund, glatt, hoch, breit und tief), daß sie die Nachteile der Ohren aufwiegt.

Haben der innere oder der äußere Bogen oder alle beide an ihrem Rand einen *scharfen Knick oder eine Krümmung,* so hat ein unglückliches

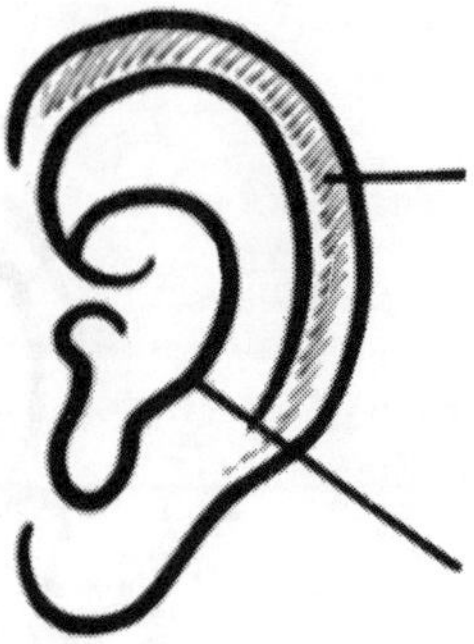

Ereignis aus der Zeit zwischen dem 3. und 4. Lebensjahr seine Spuren hinterlassen: Ein solcher Mensch pflegt Gefälligkeiten als selbstverständlich zu betrachten, und dieser Mangel an Dankbarkeit kann seinen Beziehungen ernsthaften Schaden zufügen.

Moshe Dayan
vorstehender innerer Bogen

4. Ohrläppchen

Die Ohrläppchen geben dem Siang-Mien-Beobachter Auskunft über das Liebesleben eines Menschen.

Kleine Ohrläppchen sind beredte Anzeichen dafür, daß instabile Beziehungen zu Eltern oder älteren Geschwistern emotionale Blockierungen oder Depressionen verursacht haben, die die Freude an der Sexualität beeinträchtigen.

Dieses Problem wird gemildert, wenn der (im vorhergehenden Abschnitt dieses Kapitels erörterte) innere Ohrbogen rund und weit ist. Ja, die Kombination aus *kleinem Ohrläppchen und rundem, weitem inneren*

Kleines Ohrläppchen und runder, weiter innerer Bogen

Ohrbogen verrät dem Siang-Mien-Beobachter sogar, daß es sich hier um einen Menschen mit einer sehr ausgeprägten Libido handelt.

Ist zugleich auch der äußere Ohrbogen rund, dann hat der betreffende Mensch nicht nur ein starkes sexuelles Interesse, sondern wird sich voraussichtlich für all jene, die nicht den gleichen Ohrtyp haben, als allzu sexfreudig erweisen!

Sehr kleine Ohrläppchen an runden Ohren sehen Siang-Mien-Beobachter als Zeichen für reichlich sture Menschen, die auf materiellen Komfort versessen sind.

Die besten Ohrläppchen sind *groß und dick,* denn eine recht fleischige Unterpartie des Ohres ist ein Zeichen für Glück und die Fähigkeit, überdurchschnittlichen Reichtum anzuhäufen. Selbst denen, die aufgrund ihrer ungünstigen Nasenform (siehe Kapitel VIII) unfähig sind, mit ihrem Geld hauszuhalten, können gute Ohrläppchen zum Nutzen gereichen. Sie bringen laut Siang Mien nicht nur Glück, sondern eröffnen Verbindungen zu Menschen, die helfen können.

Es ist, so sagen die Siang-Mien-Meister, wie mit dem Reichen, der, sobald er um eine Gefälligkeit bittet, eingeladen wird, freundliche Aufnahme findet und mehr erhält, als erbeten, bevor man ihn unter allen guten Wünschen entläßt. Bittet hingegen ein Armer oder Unglücklicher um die gleiche Gefälligkeit, so wird er geschmäht und wie ein Dieb behandelt. Kurz, wie man im Westen zu sagen pflegt: »Wer hat, dem wird gegeben.«

Alfred Hitchcock
ideales Ohrläppchen

Ein *vorstehendes, zum Munde weisendes* Ohrläppchen zeigt an, daß sich das Schicksal im Alter zum Besseren wenden wird.

Unmittelbar über dem Ohrläppchen senkt sich der innere Ohrbogen ab, um eine *Scharte* zu bilden. Je breiter diese Scharte, desto großzügiger ist der betreffende Mensch. Hat man zum Geben eine offene und lockere Einstellung, so sollte sie einem Zeigefinger bequem Platz bieten. Ist sie enger, so verrät sie eine eher knauserige Haltung.

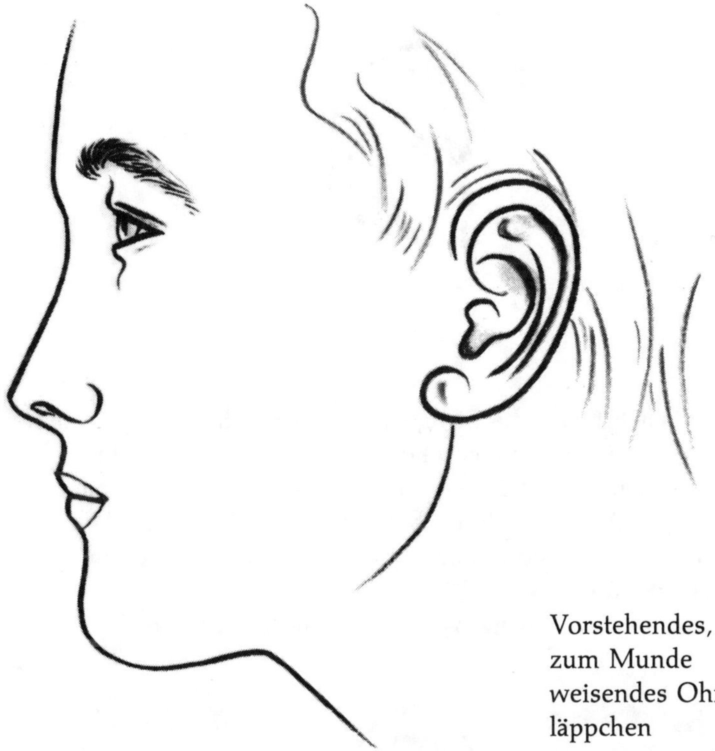

Vorstehendes, zum Munde weisendes Ohrläppchen

Hinter der Scharte beginnt der *Gehörgang*. Ein *tiefer* Gehörgang verrät einen prüfenden Geist, während ein *kurzer, flacher* auf Menschen hinweist, die an ihren Mitmenschen kein sonderliches Interesse haben.

Ein *weiter* Gehörgang wird mit streitbaren Menschen in Verbindung gebracht, die nicht ohne weiteres glauben, was andere ihnen sagen. Ihnen geben die Siang-Mien-Meister einen Ausspruch von Konfuzius mit auf den Weg: »Bist du mit vierzig nicht wohlgelitten, so bist du es bis in den Tod nicht mehr.« Eine deutliche Mahnung, der sie aber vermutlich keine Beachtung schenken werden.

Einige Menschen sind von Natur aus behaarter als andere. Ein *starker Haarwuchs* im Ohr, der in keinem Verhältnis zur übrigen Körperbehaarung steht, ist für Siang-Mien-Beobachter ein Zeichen dafür, daß die Betreffenden ihr Talent nicht nutzen und ihre Energien vergeuden.

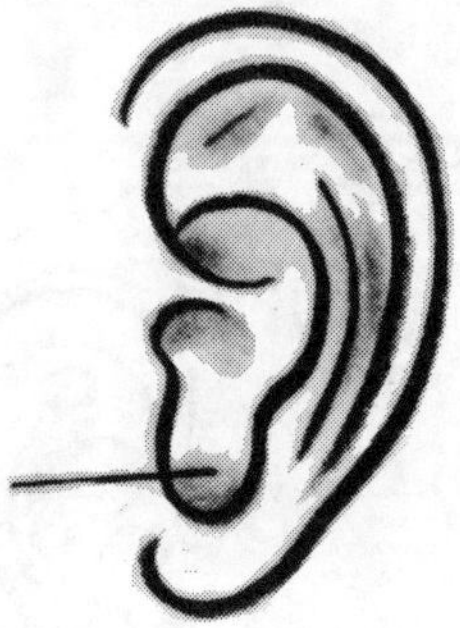

Schließlich bringen die Siang-Mien-Meister ihre Beobachtungen über das Ohr mit den Augen und dem Herzen in Verbindung:

»Was das Ohr nicht hört, erspart dem Herzen Kummer« oder, auf gut deutsch: »Was ich nicht weiß, macht mich nicht heiß.« Und weiter: »Doch was du gehört, mußt du beachten; was du gesehen, mußt du im Herzen wägen.«

So vieles im Leben hängt von Augen und Ohren ab!

Behaartes Ohr

KAPITEL XI

BACKEN UND BACKENKNOCHEN

Nach gängigem westlichen Geschmack sind *hohe Backenknochen* am attraktivsten und erhöhen insbesondere die Schönheit einer Frau.

Das entspricht nicht der Siang-Mien-Vorstellung von guten Backenknochen. Vor allen Dingen, so sagen die Siang-Mien-Meister, ohne damit an die menschliche Eitelkeit appellieren zu wollen, haben diejenigen, deren Backenknochen »unter den Augen hervortreten«, hohle oder gar eingefallene Backen. Sie sehen abgemagert und hungrig aus und altern vorzeitig, so daß sie mit vierzig, mitunter bereits mit 35 Jahren älter wirken als sie sind, während Menschen mit rundlichen Backen häufig gegenüber ihrem wirklichen Alter um Jahre jünger erscheinen.

Ideale Backen und Backenknochen sind laut Siang Mien leicht *gerundet* und stehen in einem ausgewogenen Verhältnis zueinander. Die Siang-Mien-Meister verweisen auf Chinas berühmtesten Roman, um ihren Standpunkt zu veranschaulichen.

Der *Traum der Roten Kammer* wurde im 18. Jahrhundert geschrieben, und der Autor führte, um seine Geschichte von Liebe und teuflischen Familienintrigen zu spinnen, nicht weniger als 421 Charaktere in das Geschehen ein – 232 männliche und 189 weibliche. In einer Szene schildert ein junges Mädchen seine ersten Eindrücke von einem schönen Mann: »Seine Kleider waren zerlumpt, doch er war stattlich gebaut und hatte ein offenes Gesicht, feste Lippen, Augenbrauen wie Krummsäbel, Augen wie Sterne, eine gerade Nase und runde Backen.«

Runde Backen werden gerühmt, weil sie anzeigen, daß ihr Besitzer ein größeres Machtbewußtsein hat als jemand mit hohen Backenknochen oder *mageren, hängenden oder flachen* Backen. Man wird es sich

Königin Victoria und Mao Zedong hatten eines gemeinsam: pralle, rundliche Backen

zweimal oder gar mehrmals überlegen, bevor man den Versuch unternimmt, einen Menschen mit runden Backen zu übervorteilen.

Doch die Siang-Mien-Meister haben noch mehr Gutes über runde Backen zu sagen. Sie vergleichen sie mit Pfirsichen: rund, glatt und rosafarben. Und sie zitieren zwei Zeilen aus einem Gedicht über eine Seemannsfrau, das im 8. Jahrhundert von einem der größten chinesischen Dichter, Li Po, geschrieben wurde:

Wie bin ich zu bedauern; als ich fünfzehn war,
Strahlte mein Antlitz so rosa wie die Haut eines Pfirsichs.

Heute kann man in China vernarrte Großmütter sehen, die ihre kleinen Enkel hätscheln und zum Spaß in die strahlenden Rotbäckchen beißen, die sie »Pfirsichbacken« nennen. Das Anbeißen von Pfirsichen stellt auch einen Großteil des Tagwerks des Affen dar, einer beliebten chinesischen mythologischen Gestalt, die, wie die Chinesen selbst, daran glaubt, daß Pfirsiche das Geheimnis der Unsterblichkeit enthalten.

»Ein einziger Bissen von einem Pfirsich ist besser als ein ganzer Korb voll Aprikosen«, sagen die Chinesen, um auszudrücken, daß ein bißchen vom Besten erstrebenswerter ist als viel vom weniger Guten.

Zusätzliche Informationen hält Siang Mien für jene bereit, die eine *dunkle Haut* haben und für die rosa Backen ohne jede Bedeutung sein dürften. Auch für sie sind runde Backen am besten, aber erst dann vollkommen, wenn die Haut über den Backenknochen *glänzt.* Einen Menschen mit gerundeten Backenknochen und dunkler, glänzender Haut wird man, ähnlich jenem mit rosafarbenen Backen, nicht ohne weiteres zu übervorteilen versuchen.

Bislang galt das ganze Lob der Siang-Mien-Meister den runden Backen. Doch auch für jene, deren Backenknochen vorstehen, gibt es einen gewissen Trost.

Sind *die Backenknochen die breiteste Partie des Gesichts,* so handelt es sich um einen Menschen, der Dinge in Angriff nimmt, die seine ganze Aufmerksamkeit erheischen, und sie erledigt, auch wenn es noch so viel Zeit in Anspruch nimmt. Menschen mit breiten, vorstehenden Backenknochen haben kaum enge Freunde, was zum Teil daran liegt, daß ihre Umgebung entweder neidisch auf sie ist oder es nicht lassen kann, jede ihrer Entscheidungen oder Handlungen zu kritisieren.

Muhammad Ali
glänzende, rundliche Backen

Wie für alle Siang-Mien-Beobachtungen gilt auch hier, daß ein einzelnes Merkmal nicht isoliert betrachtet werden darf. Das gilt ganz besonders für hohe Backenknochen.

Beispielsweise nennt Siang Mien drei wichtige Merkmale, die ein Mann besitzen sollte, der auf eine erfolgreiche Karriere in der Armee hofft: *vorstehende Backenknochen, eingefallene Backen und einen kräftigen Unterkiefer.*

Hingegen lassen *vorstehende Backenknochen in Verbindung mit einem sehr spitzen Kinn* auf einen Menschen schließen, dem es an der notwendigen Gefühlswärme und Treue fehlt, um ein wahrer Freund zu sein.

Stark ausgeprägte, hohe und ansteigende Backenknochen wiederum verra-

General Alexander Haig
besitzt die drei wesentlichen
Merkmale eines erfolgreichen
Soldaten

ten Menschen, die zu Hause den Ton anzugeben meinen. Schlimmstenfalls benutzen sie Freunde und mitunter die eigene Familie, um ihre Ziele zu erreichen.

Eine weitere wichtige Siang-Mien-Beobachtung betrifft jene, die sowohl *hohe Backenknochen als auch stark eingefallene Backen* haben. Sie müssen damit rechnen, daß ihre Geschicke zwischen dem 30. und 50. Lebensjahr in erhebliche Turbulenzen geraten. Sind stark eingefallene Backen einer schlechten Gesundheit geschuldet, so raten die Siang-Mien-Meister, eine dem Körper gemäße Art von Medizin oder Behandlung zu suchen. Sind sie hingegen mangelhafter Ernährung

Vorstehende Backenknochen und
ein sehr spitzes Kinn

oder Eitelkeit geschuldet, dann, so sagen die Siang-Mien-Meister, gibt es auf der ganzen Welt keine Medizin, die einen so bornierten oder dummen Menschen zu heilen vermag.

Tiefsitzende, flache Backenknochen bedürfen eines eigenen Kom-

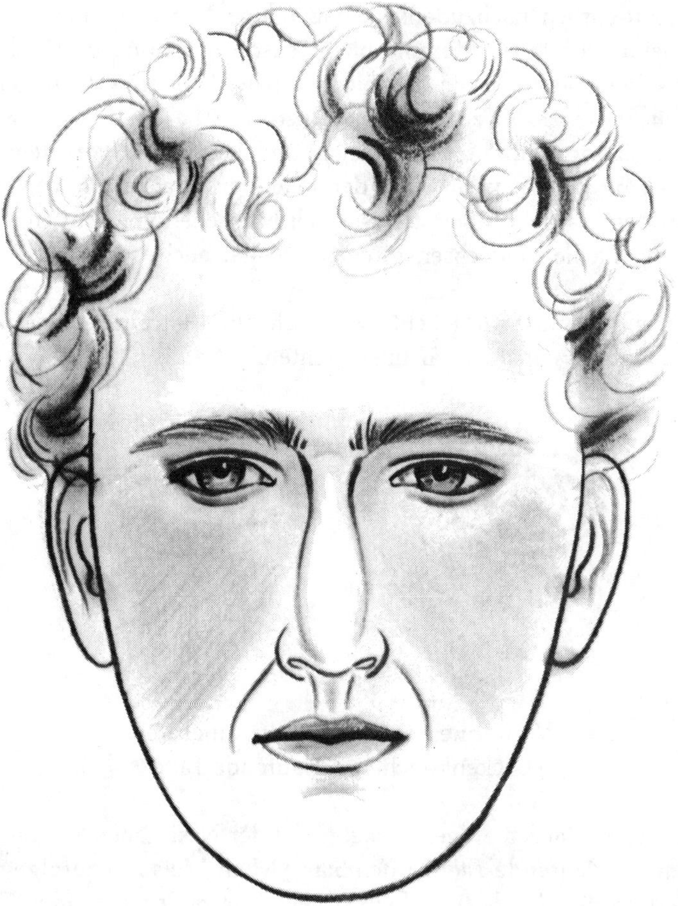

Tiefsitzende, flache Backenknochen

mentars. Den Beobachtungen der Siang-Mien-Meister zufolge verrät dieser Typus von Backenknochen Nachgiebigkeit und die Neigung, einer Herausforderung oder einem Konflikt aus dem Weg zu gehen. *Sehr flache* Backenknochen sind ein Zeichen für Unterwürfigkeit und Feigheit.

Die Siang-Mien-Meister raten diesen Menschen, über den chinesischen Ausspruch nachzudenken, daß »kluge Menschen ihre eigenen Entscheidungen fällen, dumme hingegen der Meinung der Mehrheit folgen«. Und sie fügen die Geschichte hinzu, die man in China einem verschüchterten Kind zu erzählen pflegt.

Im Dschungel fürchten sich Tiger und Leopard davor, dem Einhorn zu begegnen, und selbst der mächtige Drache hat vor etwas Angst: dem Tausendfüßler. So wie sich Menschen vor Motten, Spinnen oder kleinen Eidechsen fürchten, so hat auch der Drache seine Phobie.

Wir alle – selbst die mächtigsten unter uns – treffen eines Tages auf jemanden, vor dem wir uns fürchten.

Vom inneren Augenwinkel über den
Backenknochen verlaufende Falte

Eine vom inneren Augenwinkel (nahe der Nase) über den Backenknochen verlaufende *Falte* ist den Siang Mien-Meistern zufolge nicht sonderlich günstig, da sie auf eine oder mehrere der folgenden Gegebenheiten hinweist: Perioden häuslicher Disharmonie in der Zeit zwischen dem 30. und 50. Lebens- (nicht Ehe-)Jahr; Schwierigkeiten, mit dem eigenen Geld hauszuhalten; Ausnutzung durch andere zur Förderung ihrer Ziele und Wünsche.

Allerdings empfiehlt Siang Mien denen, die eine solche Falte haben, nicht gleich jeden, den sie kennen oder treffen, zu verdächtigen, er wolle sie übervorteilen. Im Gegenteil, so die Siang-Mien-Meister, die Gefahr zu kennen bedeutet, gewappnet zu sein, und ihr Rat lautet schlicht:

»Laß dein Tun mit deinem Wissen Schritt halten.«

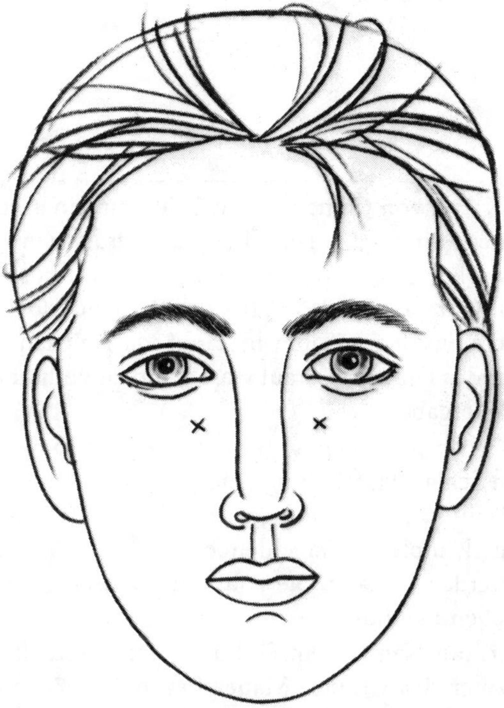

Die mit einem × bezeichneten eingefallenen
Zonen sind ein Zeichen für enttäuschte
Liebe, insbesondere in der Ehe

KAPITEL XII

DAS KINN

Als der erste Kaiser von China starb, wurde er in einer von mehr als 700 000 Arbeitern errichteten gewaltigen unterirdischen Kammer bestattet. Handwerker installierten automatische Armbrüste, die jeden eindringenden Grabräuber getötet hätten. Die kinderlosen Konkubinen des Kaisers wurden mit ihm bestattet, desgleichen all jene, die mit dem Inhalt des Grabes vertraut waren, um zu verhindern, daß sie ihr Wissen weitergaben.

Als sei das noch nicht genug gewesen, begrub man in einer Nebenkammer in Schlachtaufstellung eine Armee von mehr als 7000 lebensgroßen Tonfiguren, die aus geharnischten Soldaten, Armbrustschützen, Speerkämpfern, Wagenlenkern mitsamt Streitwagen und Reitern mit Pferden bestand. Sie sollte den Kaiser auf seiner Reise ins nächste Leben beschützen.

Jener Kaiser, mit Namen Qin Shihuang, ist außerhalb Chinas vor allem als Erbauer der Großen Mauer bekannt. 1974, nahezu 2200 Jahre nach seinem Tod, wurde die tönerne Armee entdeckt und ausgegraben.

Nicht zwei Gesichter der Tonsoldaten sind identisch, da man sie nach lebenden Soldaten aus dem ganzen Reich modelliert hatte. Wie bei einem Volk, das die Siang-Mien-Lehre hervorgebracht hat, erwartet werden darf, haben alle Soldaten energische, männliche Gesichter, die sich vor allem durch mächtige Nasen und kräftige Kinne auszeichnen.

Auf das Kinn gilt es zu achten, wenn man herausfinden will, wie das Leben eines Menschen im Alter beschaffen sein wird, denn das Kinn birgt das Geheimnis der Jahre zwischen 51 und dem Tod.

Die energischsten Kinne sind die *vorstehenden.* Die schwächsten

John F. Kennedy und
seine Frau Jacqueline – ihres ist
das energischere Kinn

sind jene, die *fliehen.*

Ein gutes Kinn ist *gleichmäßig gebogen, rund* und Teil eines glatten, kräftigen Unterkiefers. Beide zusammen sind ein Zeichen für ein friedvolles und angenehmes Alter.

Ein *kantiges* Kinn ist um nichts schlechter. Es ist gleichfalls Ausdruck für Energie und weist zusätzlich auf Führungsqualitäten hin: Menschen mit kantigem Kinn eignen sich besser zum Führen als zum Unterordnen.

Wer ein *rundes oder kantiges* Kinn hat, hat die besten Aussichten auf ein langes Leben. Auch Menschen mit einem *breiten Unterkiefer* dürfen, sofern sie ein gutes Kinn haben, auf ein hohes Alter hoffen.

Robert Redford
kantiges Kinn

Weitere Siang-Mien-Beobachtungen gelten dem *fliehenden* Kinn. Es ist ein Zeichen für unterdurchschnittlichen Ehrgeiz; Menschen mit einem solchen Kinn schöpfen ihre geistige oder körperliche Leistungsfähigkeit nie voll aus. Zwar mögen sie laut Siang Mien die Klippen des Lebens mitunter erfolgreich umschiffen und einen recht

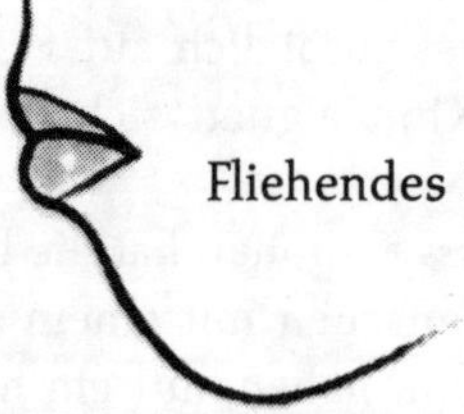

Fliehendes Kinn

erträglichen mittleren Lebensabschnitt genießen, doch die Wahrscheinlichkeit einer dramatischen Wende des Schicksals im Alter ist bei ihnen groß, und es bedarf eines starken Willens, um die Probleme zu bewältigen, die dann auf Gesundheit und Glück ihre Schatten werfen werden.

Auch wenn es um unternehmerische Entscheidungen geht, gibt das Kinn nützlichen Aufschluß. Wer mit einem Partner ein Geschäft zu eröffnen gedenkt, der sollte sich, so die Empfehlung der Siang-Mien-Meister, zuvor dessen Kinn anschauen. Ein *volles, rundes* Kinn, das glatt und frei von Beulen ist, verweist auf einen Menschen, der ein hilfreicher Geschäftspartner zu sein verspricht.

Grübchen unter den Mundwinkeln

Grübchen unmittelbar unter den Mundwinkeln wiederum verraten einen Menschen, der sich schwertut, Verantwortung und Macht zu delegieren, weshalb er häufig mit Untergebenen aneinandergeraten dürfte. Hier gibt es allerdings eine Ausnahme. Hat der Betreffende ein *kantiges* Kinn, so vermag dieses die meisten der aus dem Verhältnis zu Untergebenen herrührenden Probleme aufzuwiegen.

Sowohl *runde* als auch *kantige* Kinne kommen denen zugute, die eine ungünstige Karriereregion haben (siehe Kapitel V). Obwohl Siang Mien einem Menschen mit nach innen gewölbter oder flacher Stirn davon abrät, andere einzustellen oder auf eigene Rechnung ein Geschäft zu eröffnen, kann ein gutes, kräftiges Kinn dazu beitragen, derartige Probleme zu überwinden.

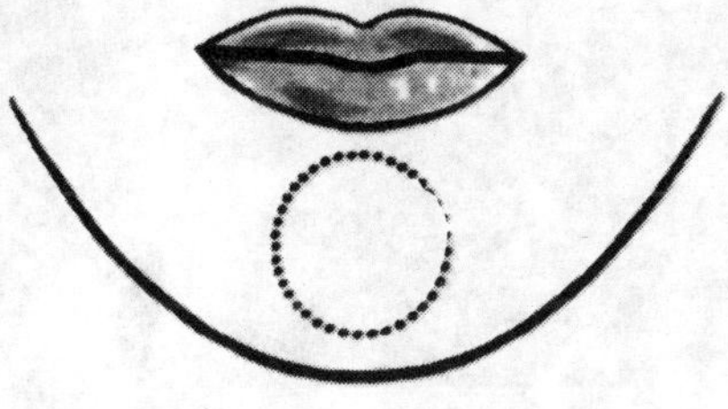

Fleischige, nahezu dreidimensionale, kreisrunde Zone in der Kinnmitte

Eine *fleischige, nahezu dreidimensionale, kreisrunde* Zone in der Kinnmitte zeigt an, daß das Liebesleben des betreffenden Menschen nicht sehr harmonisch verläuft. Diese Störung kann von einer früheren Ehe oder einer wichtigen, im Zerbrechen begriffenen Freundschaft herrühren.

Die gleiche kreisrunde Zone weist auf eine ausgeprägte Libido hin. Je dreidimensionaler sie ist, als desto anspruchsvoller in sexueller Hinsicht erweist sich laut Siang Mien ihr Besitzer.

Eine erstaunlich große Zahl von Menschen hat ein *gespaltenes* Kinn. Es ist ein Zeichen dafür, daß die Betreffenden Ruhm begehren, ja mitunter geradezu süchtig danach sind, im Rampenlicht zu stehen. Viele Menschen mit einem solchen Kinn heiraten mehrmals.

Humphrey Bogart
Kinnspalte

Bärte

Nur wenigen Chinesen wächst ein echter Vollbart, die meisten müssen sich mit dünnen Haarbüscheln begnügen. Die Siang-Mien-Meister pflegen ihre Schüler an ein altes chinesisches Sprichwort zu erinnern:

> Es ist schwer, den Widerschein einer Blume im Spiegel oder des Mondes im Fluß zu berühren.
>
> Noch schwerer aber ist es, sich gleichzeitig folgender drei Dinge erfreuen zu können: guter Söhne, eines hohen Alters und eines langen Barts.

Die frühen Siang-Mien-Meister bedauerten das Bestreben der Männer, sich einen Bart wachsen zu lassen; sie waren der Ansicht, daß ein wahrhaft zivilisierter Mann haarlos und glatthäutig zu sein habe.

In jüngerer Zeit gelangten Siang-Mien-Meister zu der Auffassung, daß Männer sich aus einem oder mehreren der folgenden Gründe einen Bart wachsen lassen: um ein mißratenes Kinn oder einen häßlichen Unterkiefer zu verbergen; um ein Doppelkinn zu verstecken, das laut Siang Mien ein Zeichen für Überernährung und Trägheit ist und im allgemeinen mit einem Fettwanst einhergeht; um Intellektualität vorzutäuschen oder sich ein urtümliches (im Westen bevorzugt man den Ausdruck »künstlerisches«) Aussehen zuzulegen; um Pickel, Verunstaltungen und Warzen zu verbergen; aus Bequemlichkeit; um sich warm zu halten.

Letztere Erklärung für die Entscheidung, sich einen Bart wachsen zu lassen, erhielt Bestärkung, seit auch Chinesen auf den Mount Everest steigen, denn Siang-Mien-Meister haben beobachtet, daß sich die meisten Bergsteiger zum Zwecke der Warmhaltung einen Bart stehen lassen.

Männer, denen *dichte* Bärte wachsen, arbeiten den Siang-Mien-Beobachtungen zufolge hart, um ihre Wünsche und Ziele zu erreichen. Da sie in der Lage sind, gleichzeitig einer ganzen Reihe von Gegenständen ihre Aufmerksamkeit zu widmen, fällt es ihnen häufig schwer herauszufinden, wo ihre wahren Talente liegen. Indem sie – gleichermaßen geistig, seelisch und körperlich – nach einer Antwort

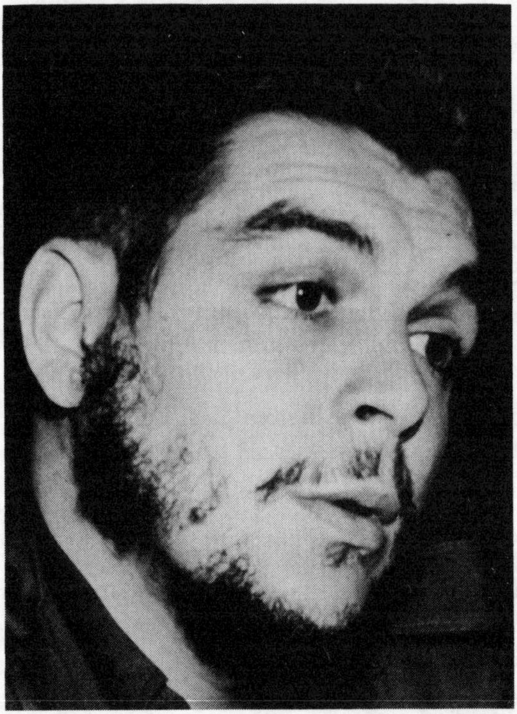

Che Guevara
spärlicher Bartwuchs

Fidel Castro
dichter Bartwuchs

suchen, verzetteln sie ihre Kräfte und vergeuden nicht selten ihre Begabung.

Männer mit *spärlichem* Bartwuchs verkennen ihren wahren Wert. Sie sind – häufig aus Furcht davor, zu scheitern – nicht willens, ihre Fähigkeiten auszuschöpfen; dabei könnten viele von ihnen mehr im Leben erreichen, wenn sie, anstatt Vorsicht zu üben, ihre Chancen ergreifen würden.

Eine *kahle Stelle* (oder mehrere) im Bart verrät, daß der Betreffende eher in einem vergangenen, seinen Idealen und Hoffnungen gemäßeren Zeitalter hätte leben sollen.

KAPITEL XIII

MUTTERMALE

Es gibt zahllose Stellen im Gesicht, an denen Muttermale zu finden sind; die im folgenden genannten sind laut Siang Mien die bedeutendsten.

A. Frühe geistige Reife.
B. Eine Krankheit oder ein Leiden drohen chronisch zu werden; sollte ihnen das gelingen, so ist um das 41. Lebensjahr mit ihrem Ausbruch zu rechnen.
C. Wie bei B ist ein Gesundheitsproblem wahrscheinlich. Sollten die Krankheit oder das Leiden in ein akutes Stadium treten, so ist damit in der Mitte der Vierziger zu rechnen.
D. Achtung vor einem Geldverlust mit 48. Er ist dann am wenigsten schmerzhaft, wenn die Nasenspitze rund ist.
E. Dieses Muttermal kann dreierlei bedeuten:
   a) eine Warnung vor Unfällen im Wasser, insbesondere im Meer;
   b) im Falle einer Frau Probleme mit der Geburt eines Kindes;
   c) im Falle eines Mannes im Alter von etwa 51 Jahren Probleme am Arbeitsplatz mit einem Kollegen oder Vorgesetzten.
F. Ein Muttermal an irgendeiner Stelle der Lippen oder nahe den Enden der Oberlippe verrät eine generelle Freude am Essen, allerdings sind nach dem 40. Lebensjahr Verdauungsprobleme wahrscheinlich. Auch hier warnt Siang Mien vor Unfällen im Meer.
G. Entschlußfreudigkeit.
H. Ernsthaftes Denken bereits im frühen Alter.
I. Ziemlich aggressiv und hart, zugleich aber fähig, andere zu beaufsichtigen.

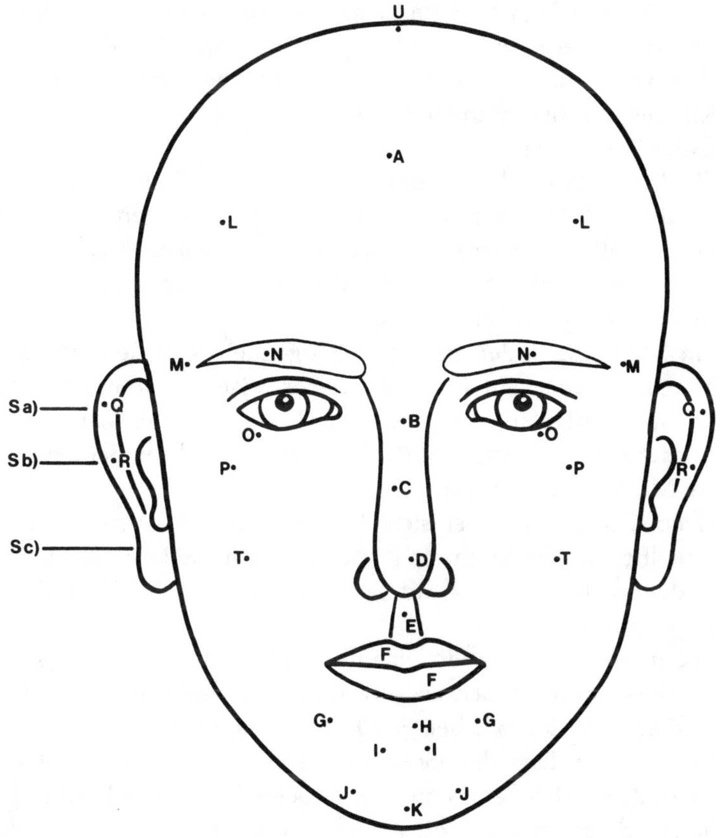

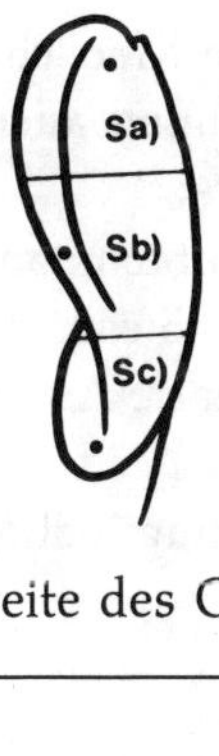

Rückseite des Ohres

J. Ein Muttermal am Kinn (mit Ausnahme der Kinnmitte) oder über das Kinn verstreute Male weisen auf Einsamkeit im Alter hin.

K. Tod oder emotionale Abwendung eines Elternteils während der Kindheit des Betreffenden möglich.

L. Guter Ehepartner.

M. Ein Muttermal (oder mehrere) zwischen den Enden der Augenbrauen und dem Haaransatz verrät einen versonnenen, mitunter melancholischen Menschen, der trotz erfolgreicher Karriere oder eines von seinen Mitmenschen beneideten »erfolgreichen Lebensstils« unglücklich sein kann.

N. Ein Muttermal (oder mehrere) an irgendeiner Stelle der Augenbrauen verweist auf einen vergleichsweise gut situierten Menschen; Unfallgefahr zwischen dem 31. und 34. Lebensjahr.

O. Muttermale an dieser Stelle haben unterschiedliche Bedeutungen bei Männern und Frauen:

   a) bei Frauen: befindet sich das Mal auf der linken Gesichtshälfte, so überleben sie ihren Ehemann; befindet es sich auf der rechten Gesichtshälfte, so haben ihre Kinder Gesundheitsprobleme;

   b) bei Männern: befindet sich das Mal auf der rechten Gesichtshälfte, so überleben sie ihre Frauen; befindet es sich auf der linken Hälfte, so haben ihre Kinder Gesundheitsprobleme.

P. Dieses ist die Lage des »Schönheitsflecks«, nahe dem Backenknochen. Zwei Male (eines auf jeder »Schönheitsfleck«-Position) erhöhen, eines verringert die persönliche Macht.

Q. Überdurchschnittliche Begabung.

R. Widerstände gegen die Erfüllung wichtiger Aufgaben. Läuft der äußere Ohrbogen in der Mitte spitz zu, so handelt es sich um einen besonders ehrgeizigen Menschen.

S. Dieses Muttermal (es können auch mehrere sein) befindet sich auf der Rückseite des Ohrs:

   a) im oberen Drittel = Probleme mit den Eltern;

   b) im mittleren Drittel = dieser Mensch ist Versuchen anderer ausgesetzt, sich seine harte Arbeit oder seine Ideen zunutze zu machen;

   c) im unteren Drittel = ungünstige Auswirkungen auf die Vermögenslage.

T. Dieses Muttermal befindet sich genau auf der Mitte der Backe. Wer nur auf *einer* Backe ein solches Mal hat, stirbt weit von seinem Geburtsort entfernt. Je ein Mal auf *beiden* Backen bedeutet ein glückliches Alter (mit Ausnahme derer, die ein ungünstiges Kinn haben – siehe Kapitel XII).

U. Dieses Muttermal bringt das meiste Glück. In der Tat handelt es sich um den glückbringendsten Teil des Kopfes, allerdings wird es, sofern man nicht kahlköpfig ist, nicht leicht festzustellen sein, ob man diesen Glücksfleck besitzt. Er bedeutet, daß sein glücklicher Besitzer Schlechtes zum Guten wenden kann.

Soweit also die 21 bedeutendsten Muttermale. Den Siang-Mien-Meistern ist nicht entgangen, daß es noch eine Reihe weiterer Male gibt, die wichtige Informationen über ihren Besitzer verraten. Wegen der Intimität der betreffenden Körperstellen mag es allerdings an der Gelegenheit mangeln, herauszufinden, wer eines oder mehrere dieser Male besitzt.

* Auf der Kniescheibe = kann mit Geld umgehen.
* In der Mitte der Leistengegend = sexbesessen.
* In der Mitte der Achselhöhe = guter Verdiener.
* Unmittelbar unter dem Nabel, etwa einen Zentimeter seitlich versetzt = freundlich; originelle Ideen.
* Zwischen den Hinterbacken = künstlerisch begabt; lernbegierig.

Das berühmte Muttermal Mao Zedongs

KAPITEL XIV

DAS SCHICKSAL – JAHR FÜR JAHR

Wir haben einen faszinierenden Punkt der Siang-Mien-Lehre erreicht. Durch die genaue Prüfung exakt definierter Gesichtsfelder vermag man das Schicksal eines Menschen – im guten wie im schlechten – in jedem Lebensjahr zu bestimmen. Es gibt genau definierte Felder des Gesichts, die sich jeweils einem bestimmten Lebensjahr zuordnen lassen. Durch einen Blick auf sie können wir sagen, ob ein Mensch in einem bestimmten Lebensjahr Glück haben oder Rückschläge und Probleme erleiden wird.

Der Siang-Mien-Lehre zufolge ist mit guten Lebensjahren zu rechnen, wenn die entsprechenden Jahresfelder wohlgeformt sind. Wo es Verunstaltungen gibt, handelt es sich um Lebensjahre, in denen man mit Problemen und Schwierigkeiten zu rechnen hat. Die vorausgehenden Kapitel haben uns mit der notwendigen Gesichtskenntnis ausgestattet, um die Jahresfelder lesen zu können.

Die Jahresfelder des Mannes und der Frau sind nicht identisch. Einige von ihnen sind seitenverkehrt angeordnet, das heißt, sie befinden sich je nach Geschlecht entweder auf der einen oder der anderen Gesichtshälfte. Darin spiegelt sich die chinesische Vorstellung vom *yin* und *yang*, dem Weiblichen und dem Männlichen, als entgegengesetzte, gleichwohl komplementäre Kräfte. Lediglich die auf der vertikalen Gesichtsachse befindlichen Jahresfelder stimmen bei Männern und Frauen überein.

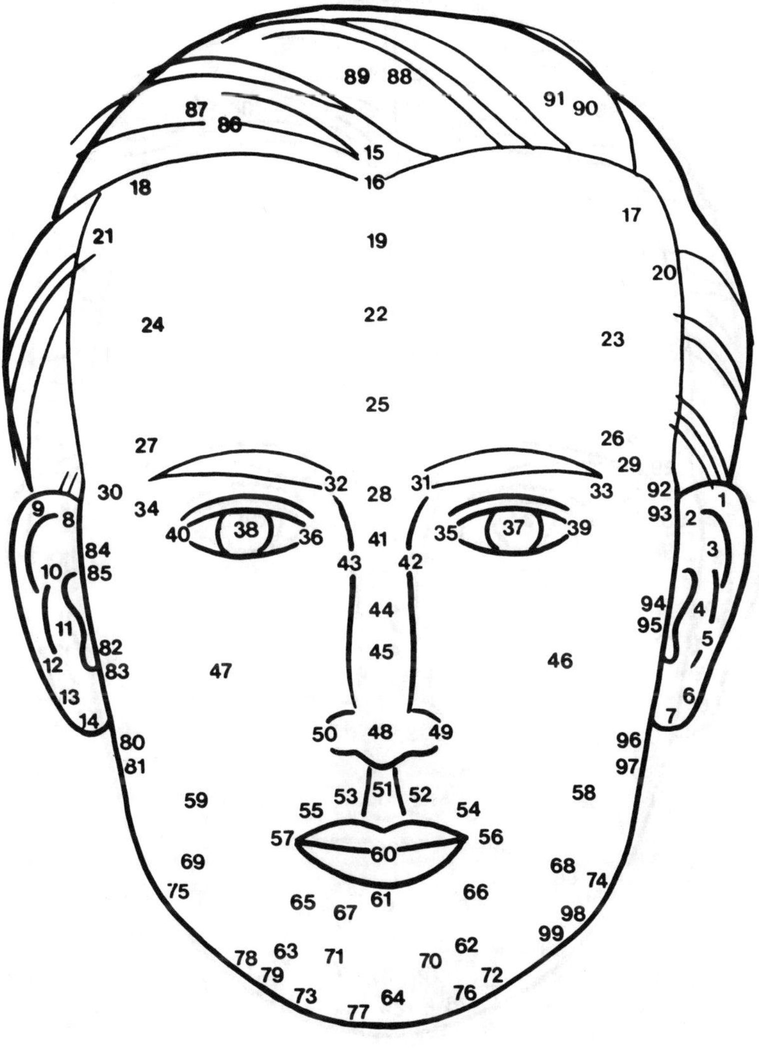
89 88
91 90
87
86
15
16
18
17
21
19
20
24
22
23
25
27
26
29
30
32
28
31
33
92
1
9
8
34
93
2
40
38
36
41
35
37
39
84
43
42
3
10
85
44
94
4
95
11
82
45
5
12
83
47
46
13
6
14
7
50
48
49
96
80
81
97
59
53
51
52
58
55
54
57
56
60
69
68
74
75
61
66
65
67
98
99
78
63
71
70
62
79
72
73
64
76
77

Männlich

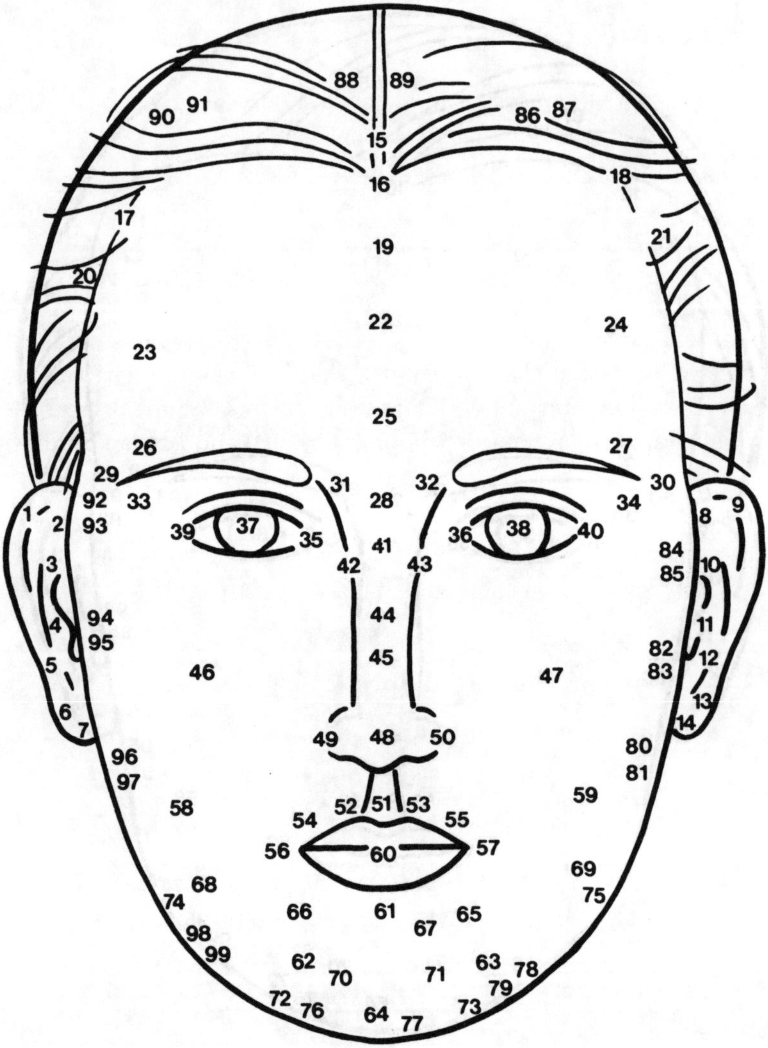
88 89
90 91
86 87
15
16
18
17
19
21
20
22
24
23
25
26
27
29
31
32
30
92
33
28
34
9
1
2
93
39
37
35
36
38
40
8
41
84
42
43
85
10
3
44
94
11
4
95
45
82
12
5
46
83
47
13
6
14
7
49
48
50
80
96
97
81
59
58
52
51
53
54
55
56
60
57
69
68
74
75
66
61
67
65
98
99
62
63
78
70
71
79
72
76
64
73
77

Weiblich

Danksagung

Meinem Siang-Mien-Meister in Shanghai und verstorbenen Meister in Guangzhou; Seto Chongchi, National Institute of Metrology, Beijing; Lin Kusen, University of Nanjing, China.

Melina Hung, Lai Cheuklau, Lucy Lo, Willie Mark, Christina Robinson, Amy Wong, Frances Wong in Hong Kong.

David Alexander, Colin Allan, Sissie Chan, Ken Cook, Susan Pinkus, Donald Ratledge, Ion Trewin (editor), Sharyn Troughton (art editor), Jane Tyrell (illustrator), Bob Hook (designer) in London; Brian Taishen (calligrapher), Liverpool; School of Oriental and African Studies, University of London; Society for Anglo-Chinese Understanding, London. Elizabeth Salter, London.

Juliette Lipeles, New York; Yu Soongkwong, San Francisco. Tham Chanwah, Singapore.
Yee Gimhing, Melbourne, Australia.
Violet Lannoy, Goa, India.

Fotonachweis

Verlag und Autorin danken den folgenden Personen und Institutionen für die Überlassung von Fotos: the National Portrait Gallery for the photographs Seite 39, 41 und 106; the Keystone Press Agency for the Photograph Seite 74; Popperfoto for the photographs Seite 95, 176 und 182; the Mansell Collection for the photographs Seite 101, 121 und 146; Golden Communications for the photograph Seite 107; Syndication International for the photograph Seite 157; Camera Press for the photo-graphs Seite 32 (SAYE), Seite 36 (Vivienne of London), Seite 42 (Kurt Wyss), Seite 62 (oben), Seite 62 (unten, *The Times,* London), Seite 64 (Richard Slade), Seite 70 (Norman Parkinson), Seite 75 (Karsh of Ottawa), Seite 79 (Sven Simon), Seite 82, Seite 83 (Michael Evans), Seite 86 (David Steen), Seite 92, Seite 93 (Jacques Haillot, *L'Express*), Seite 98 (Julien Quideau, *L'Express*), Seite 103 (Leon Herschtritt), Seite 103 (Tom Hanley), Seite 108 (links u. rechts), Seite 111 (Brian Aris), Seite 112, Seite 118 (John Garett), Seite 120 (MG/Johnson), Seite 125 (Max Ehlert), Seite 127 (Sam Levin), Seite 128 (ASP), Seite 135 (Jean Ker, Ilphot), Seite 136 (Jerry Watson), Seite 137 (David Bailey), Seite 139, Seite 140, Seite 143 (Jerry Watson), Seite 143 (Cecil Beaton), Seite 147 (Symil Kumar Dutt), Seite 148 (Endre Friedmann, copyright Interfoto MTI + Ungarn), Seite 151 (L. Schiller), Seite 152 (Horst Tappe), Seite 155 (John Bryson), Seite 156 (Ralph Crane), Seite 157, Seite 158 (Gerald Buthaud), Seite 160 (David Bailey), Seite 161, Seite 166 (Alan Davidson), Seite 167 (Herb Snitzer), Seite 168 (Sven Simon), Seite 170 (Snowdon), Seite 170 (oben TPS/BASSANO), Seite 171 (unten), Seite 172 (Jon Blau), Seite 172 (Jerry Watson), Seite 174 (IPPA), Seite 180 (oben, BASSANO), Seite 180 (inset), Seite 183 (Ralph Crane), Seite 189, Seite 190 (John Bryson), Seite 192, Seite 194 (oben Czechoslovak New Agency), Seite 194, (unten Albert Clack), Seite 199.

Bitte beachten Sie auch die folgenden Seiten

Christine Kaufmann

Lebenslust

Die Pflege der erwachsenen Schönheit

192 Seiten, 24 Seiten Abbildungen

»Erst mit vierzig fühlte ich mich wohl in meiner Haut«, bekennt Christine Kaufmann und offenbart die Geheimnisse der erwachsenen Schönheit. Ihr engagiertes Plädoyer gegen einen starren Begriff von Schönheit und Attraktivität macht Frauen Mut zum eigenen Stil. Ziel der Autorin ist ein kreatives Selbstbewußtsein der modernen Frau: Freiheit gegenüber den gesellschaftlichen Rollenzwängen, Freiheit gegenüber aufgezwungenen Lebensformen. So entwickelt sie ein ganzheitliches, sehr persönliches »Attraktivitätsprogramm« der erwachsenen Schönheit.

Ullstein